性《セックス》と宗教

島田裕巳

講談社現代新書
2647

はじめに

セックスとしての〝性〟

性ということと宗教とはどのように関係するのでしょうか。

それがこの本のテーマです。

この場合の性とは、文化的、社会的に作り上げられた性差としてのジェンダーを意味しません。行為を伴ったセックスとしての性です。

これに関連することですが、近年では、カトリック教会の聖職者による性的虐待が大きな問題として取り上げられるようになってきました。

神父や修道士といったカトリック教会の聖職者は独身であることを求められ、結婚し、家庭を持つことが許されません。そこが妻帯を認めるプロテスタントとの大きな、また決定的な違いでもあります。

性とは切り離された生活を送ることを求められる聖職者が、密かに性的な虐待を行ってきた。これは、あまりに重大な事柄です。

にもかかわらず、カトリック教会の頂点に立つバチカンは、この問題の解決に対して必ずしも積極的であるとは言えません。それで世界中から多くの批判を浴びています。

独身制に無理があるのではないか。この問題についてはそのように考えることもできます。

ただし、独身制は長い歴史を持つカトリック教会の伝統です。その制度を改めることは、教会を根本的に革新することに結びつきます。カトリック教会は、そこまでは踏み込むことができないでいるのです。

性をめぐる宗教界のスキャンダル

ほかにも、性をめぐる宗教界のスキャンダルはいくらでもあります。

新宗教の教祖の女性関係が問題とされたこともあります。フリーセックスを実践しているとして糾弾された小規模の宗教集団もありますし、教祖が信者の結婚相手を勝手に決めてしまうことが問題視されたこともありました。

その一方で、宗教においては、性を戒める戒律が存在しています。「モーセの十戒」にもありますが、仏教のもっとも基本的な戒律である五戒にも「不邪淫戒《ふじゃいんかい》」があります。邪淫とはいったい何をさしているのか。その定義は意外に難しいのですが、邪な性関係、つまりは、婚姻関係の外側で行われる不倫が道徳に反することとして否定されているのは間違いありません。

信仰の篤い人間であれば、性に対する欲望を慎んでいるというイメージがあります。日本でも街中でカトリックの修道女の姿を見かけることがありますが、私たちは、彼女たちが禁欲的な生活を送っているに違いないと考え、尊敬の念を抱いたりもします。

戒律で禁じられていることが、そのまま守られるのであれば、ことは簡単です。しかし、そうはならないのが人間です。戒められても、性の欲望は発動します。ときには、歯止めがかからないこともあります。

一方で、性と宗教というとき、真言立川《たちかわ》流のようなことも問題になってきます。真言立川流とは、平安時代の末期に生まれた真言宗の一派です。この宗派では、男女の交わりによって、つまりは男と女がセックスをすることで、密教が究極の目的とする即身成仏がかなうと説かれました。現代的に言えば、フリーセックスの教団だったのです。はたしてそんなことを実践する集団が存在したのでしょうか。ただ、この本でも見ていくように、密教の経典のなかに、性的なエクスタシーを悟りの境地としてとらえるものがあることは事実です。

真言立川流はそれを文字通りに実践したということなのでしょうか。その可能性もありますが、そうした教団は必ずや周囲から邪教と見なされ、存続は難しくなります。実際、真言立川流は現代にまでは生き残っていません。途中で消滅してしまったのです。

このように、性と宗教ということでは、さまざまな事柄がかかわってきます。しかも、宗教によって性の扱い方は大きく異なります。すべての宗教が禁欲を説くわけではありません。第6章で詳しく述べるように、イスラム教などはイメージと異なるかもしれませんが、むしろ禁欲と無縁な宗教なのです。

欲望を抑制する宗教と戒律の役割

この本で論じようとする根本の問題は、欲望と戒律ということです。

人間には性の欲望があり、それは生物である以上当然のことです。思春期に達すれば性の目覚めが訪れ、性に対する欲望を抱くようになります。そして、実際に性行為に及び、結婚したり、子どもを産んだりします。人間の場合には、一般の動物にある発情期がなく、いつでも性の欲望が発動するようになっています。

そう考えると、人間は随分と恐ろしい生き物だということにもなってきます。性の欲望が無軌道に発動すれば、そこでさまざまな出来事が起きます。欲望が満たされなければそれが爆発し、とんでもない事態が訪れる危険性もあります。

もちろんそれは、性欲を無軌道に発動した人間にとっても不利益になるので、それぞれの人間はなんとか欲望を抑えようとします。

その際に、宗教が重要な役割を果たしてきました。宗教はおおむね性の欲望を否定的にとらえ、それに振り回されることで、人生を台なしにすることがないようにと説くからです。

そして、欲望を抑えることができる人間は、宗教の世界において徳の高い存在と見なされます。戒律にはそうした機能が伴っています。その点も注目されるところで、戒律が重視されてきた一つの理由ともなってきたのです。

宗教と性の問題を無視してはいけない

この本では、世界に存在する主要な宗教を対象にします。特定の一つの宗教における性と宗教との関係だけを考察するのではなく、それぞれの宗教における性と宗教との扱い方の違いを見ていくことで、個々の宗教の特質を明らかにしていきたいと考えています。

世界には膨大な数の宗教があるように思えるかもしれませんが、主要な宗教は限られています。

ユダヤ教からはじまる一神教ということでは、ほかにキリスト教とイスラム教があります。キリスト教とイスラム教が信者数としては世界1位と2位を占め、世界全体の人口の半数を超えています。

それに次いで多いのが、インドのヒンドゥー教です。さらに道教と儒教、それに仏教が結びついた中国の民間信仰が続きます。仏教単体ではそれに次ぐ数になります。

ほかに主要な宗教としてはゾロアスター教などがありますが、信者の数としてはそれほど多くはありません。イランでは、ゾロアスター教の影響を受けたマニ教が生まれ、一時は広がりを見せましたが、現在では事実上消滅してしまっています。また、日本には独特な宗教として神道があり、日本人としてはこれに注目せざるを得ません。

このうち、この本で主に取り上げるのは、キリスト教、イスラム教、ヒンドゥー教、道教、仏教、マニ教、神道ということになります。マニ教は消滅しても、キリスト教に大きな影響を与えました。しかもそこには、性の問題がかかわっていたのです。

この本は小著ではあるものの、世界の主要な宗教における性の扱い方を対象とすることによって、「性の宗教史」としての性格を持っていると言えるかもしれません。それは、これまでになかったアプローチの仕方ではないでしょうか。

篤い信仰を持っている人たちは自らの宗教を神聖視し、欲望とは切り離された清浄なものと見なそうとします。それは信仰者の願望ということにもなりますが、性の問題を無視してしまえば、人間の本質にはたどりつけません。

人間は、自らが抱えた性の欲望に立ち向かうことで、宗教という文化を築き上げてきたのではないでしょうか。性を無視して、宗教を語ることはできないのです。

目次

第2章　イエスに邪な気持ちはあったのか
――キリスト教が「原罪」と「贖罪」を強調した理由――

第3章 なぜ聖職者は妻帯できないのか――仏教とキリスト教の違い　女犯とニコライズム 69

第5章　なぜ悟りの境地がエクスタシーなのか――――115
――房中術と密教に見る性の技法

第6章 なぜイスラム教は性を禁忌としないのか――預言者のことばから読み解くその実態 137

第7章　親鸞は本当に「愛欲の海」に沈んだのか——浄土真宗だけが妻帯を許された理由——163

第８章　神道に性のタブーはないのか
――日本独特の道徳観と系譜――　193

第9章　なぜ処女は神聖視されるのか——マリアとスンナに見るその意味

おわりに

第1章　なぜ人間は宗教に目覚めるのか

——信仰の背景にある第2次性徴と回心の関係性

悪魔に誘惑された釈迦とイエス・キリスト

「はじめに」でも述べたように、この本では世界の歴史に登場した主要な宗教を扱いますが、性の問題を考えるにあたっては、仏教とキリスト教がとくに重要です。どうして重要なのかについては、これから述べていくことになりますが、仏教の開祖である釈迦とキリスト教のはじまりに位置するイエス・キリストの体験がそこにかかわってきます。

もっとも、釈迦は今から2500年前の人物で、イエスも2000年前の人物です。この二人の偉大な宗教家の生涯についてはさまざまなことが語られていますが、どちらの場合にも同時代の文献史料がありません。したがって、釈迦とイエスが伝えられているような生涯を送ってきたのかどうか、実は確かなことはわからないのです。その点については、拙著『教養としての世界宗教史』(宝島社)で詳しく論じました。

したがって釈迦の生涯、イエスの生涯と言ったとき、それは多分に伝説、あるいは神話としての性格を持っています。その点を踏まえておく必要はあるでしょう。

そうした問題はありますが、人生における苦の問題に直面し、それに悩んだ釈迦は家族を捨てて出家し、修行生活に入ったとされています。釈迦は結婚し子どもも儲けていましたから、性の経験があったわけです。

釈迦は修行する際、師についてそれを実践しましたが、苦の問題を解決することができませんでした。過酷な苦行も実践しましたが、それでも解脱には至らなかったのです。

そこで苦行を中止し、菩提樹の下で瞑想に入るのですが、その際、マーラという悪魔に誘惑されます。マーラは釈迦が悟りを開くことを妨げようとして、亡霊や怪物に襲わせます。それが効果を発揮しないとわかると、「たくさんの女たちが苦行者のまわりをとり囲み、裸体や魔法で誘惑しようとした」（ミルチア・エリアーデ『世界宗教史3』拙訳、ちくま学芸文庫）というのです。

マーラは性的な誘惑を仕掛けてきたわけですが、そうした手段が選ばれたのも、人間は性による誘惑に弱いと判断されたからでしょう。

釈迦はその誘惑を退け、それによって悟りに到達します。そしてその後、自らの悟りについてインド各地を説いて回るようになるのです。

興味深いことに、イエスも教えを説くようになる前に、悪魔から誘惑された経験をしています。それは、「荒野《あらの》の誘惑」と呼ばれるものです。「マルコによる福音書」では、「イエスは四十日のあいだ荒野にいて、サタンの試みにあわれた」（1章13節）とされています。具体的にどういう試みだったかについては、「マタイによる福音書」のほうで述べられています（4章3節）。悪魔は空腹になったイエスに対し、「もしあなたが神の子であるなら、これらの石がパンになるように命じてごらんなさい」などと誘惑してくるのです。

悪魔による誘惑のなかには、性的なものは出てきません。ところが、悪魔による誘惑を退けたイエスはその直後、山に登り、有名な「山上の説教」をするのですが、そのなかで「『姦淫するな』と言われていたことは、あなたがたの聞いているところである。しかし、わたしはあなたがたに言う。だれでも、情欲をいだいて女を見る者は、心の中ですでに姦淫をしたのである」(5章27〜28節)と説いています。

こうした教えが説かれたということは、悪魔による試みのなかに性的な誘惑が含まれていた可能性を示唆しているように思えます。それを踏まえてのことでしょう。新約聖書におさめられた著者不詳の「ヘブル人への手紙」には、「罪は犯されなかったが、すべてのことについて、わたしたちと同じように試錬に会われたのである」(4章15節)とあります。罪というわけですから、そこに性がかかわっている可能性はあり得ます。

性的なものを含んだ悪魔による誘惑に釈迦がさらされ、さらにイエスにもその可能性があるということは、性と宗教の問題を考える上で決定的に重要な意味を持ちます。しかも、これから見ていくように、仏教もキリスト教も、性に対してはかなり禁欲的なのです。

他の動物にはない人間の性欲の特徴

人間に性欲があるのは、生物の一員だからです。あらゆる生物は基本的に生殖活動を行い、子孫を残すことを本能として植えつけられています。「利己的な遺伝子（The Selfish Gene）」という概念がありますが、そうした本能は、遺伝子に埋め込まれているのです。

生物にとって、子孫を残すということが何より重要なことであるとすれば、生殖活動をひたすらくり返し、子孫を生み続ければよいということになります。

しかし、雌の場合には、生殖活動の結果妊娠すると、子どもを産むまでに一定の期間を必要とします。そうなると、雄のほうに常に性欲があり、生殖活動が可能であるということは、さまざまな面で不都合になるわけです。性欲を満たせないことで争いが起こったりする。そこで設けられたのが「発情期」です。多くの哺乳類では、発情期は一年に1回だけ訪れるようになっています。

たとえば霊長類のなかで人間に一番近いとされるチンパンジーなどの場合、子どもは自力で体温を保持することができないため、母親はずっと子どもを抱いていなければなりません。授乳期間は4年にも及び、次の出産まで5年から6年を必要とします。

ところが人間の場合、子どもは自力で体温を維持することができるため、母親は子どもをずっと抱いている必要がありません。体から離して地面や床などに置いておくことができるのです。そのため、母親以外の人間が育児に参加できるようになり、人間ならではの社会環境が生み出されることになりました。

そうしたことが深く関係するのでしょう。人間には発情期というものがありません。常に性欲があり、性行為が可能です。妊婦であれば、生殖が目的なら性行為に及ぶ必要はないわけですが、妊娠期間中も性行為は可能ですし、出産が終わり、体調がすぐれないなどということがなければ、すぐに性行為ができます。このため、チンパンジーにはあり得ない年子が生まれたりするわけなのです。

発情期がないことで常に性欲を持ち、性行為に及ぶことができる。それがほかの動物にない人間の特徴です。

これを含め、ほかの動物にはない人間の特徴はさまざまありますが、決定的なのは、人間が直立二足歩行できるようになったことです。

二足歩行が可能になったことで手が自由に使えるようになり、それが脳の発達を促し、音声言語の発生をもたらしました。脳の発達が言語能力を開花させる基盤になったのです。

直立したことで喉の構造が変化し、飲食物と呼気・吸気とが同じ喉という器官を通るようになりました。その結果、それを巧みに制御する必要が生まれ、それが言語を操る上で必要な複雑な音声の獲得に結びつきました。チンパンジーでも記号操作ができることは、各種の実験で証明されているものの、彼らはからだの構造上、音声言語を発することができないのです。

そのことは、宗教の発生ということにも関連してきます。


言語によって人間は神や霊を語るようになった

人間が獲得した言語は、自然界に存在するものを切り取り、それをカテゴリーに分け、名称によって区別する役割を果たします。猫と犬、チューリップと菊、鯛と赤貝とは、それぞれにつけられた名前によって区別されます。

その際に重要なのは、言語は目に見えるものだけではなく、目に見えないものも指し示せるということです。それによって、過去について、あるいは未来について語れるようになりました。そして地上には存在しない、あるいは現実には存在しない神や霊のような存在を指し示すこともできるようになったのです。

その意味で、言語の誕生は宗教を生む基盤となりました。動物が宗教を持たないのも、言語を操ることができないからです。人類は言語能力を獲得することで、抽象的かつ観念的な世界を表現し、その実在を信じられるようになったのです。

ただ、常に性欲があるということは、乱交に及ぶ可能性があるということでもあります。ところが人間は家族を形成し、父親と母親が協力して育児を行います。多くの人間社会では一夫一婦制がとられていますが、一夫多妻の社会もあります。一夫多妻でも、夫には妻を養う義務が課せられており、単に乱交をくり返すこととは違います。

チンパンジーの場合、育児にほかのチンパンジーがかかわることはできません。人間は育児を母親だけに限定させず、それを広げることで社会的な関係を生みました。教育は、人間が成長し、大人になっていく上で不可欠なものですが、そこには親だけではなく、さまざまな人間がかかわります。人間の子どもが大人に成長していくということは、社会が成立してはじめて可能になったのです。

しかし、繰り返しになりますが、性欲を人間が常に持っているということは、大きな問題をはらんでいます。実際、性欲が無軌道に発揮されれば、家族関係や社会関係を破壊することにもつながります。

そこに、宗教というものが必要とされる根本的な原因がありました。「はじめに」でも見たように、それぞれの宗教には性に対する禁忌、無軌道な性行動に対する戒めが存在します。

しかし、なぜそれが禁忌となり、戒めの対象となるのでしょうか。その理由は説明されていません。神道には穢れの観念があり、それは性とも結びつきますが、なぜそれが穢れになるのか、やはり理由は述べられていないのです。邪な性関係に陥ってはならない、それは穢れだから宗教の世界に持ちこんではならない、とされているだけなのです。

無軌道な性行動への戒律と回心

邪な性関係を現代的に表現するならば、不倫でしょう。不倫とは、すでに婚姻関係を結んでいる人間が、結婚相手とは別の相手と性関係を結ぶことを意味します。どちらもが結婚している場合には、ダブル不倫などと言われます。

不倫が存在するのも人間だけです。動物の場合、そもそも夫婦関係が固定化されることがないので、不倫自体があり得ません。チンパンジーの雄は、雌を妊娠させても育児にはまったくかかわらず、雌から離れ、次の発情期には別の雌と交わります。夫婦関係が成立していないので、不倫とは言えないのです。

常に性行為が可能な人間というものは、まさに「性的人間」です（ノーベル文学賞作家の大江健三郎氏に同名の作品があります）。性的人間は無軌道な性行動に出る危険性があり、実際、そうした危険が現実のものになるのは珍しいことではありません。宗教は禁忌や戒律を用意することで、そうした危険な出来事が起こるのを防止していると言えるわけですが、ただ戒律として掲げられているだけでは、人間の側がそれを守るとは限りません。

そこで必要とされるのが、戒律を守るよう促す仕掛けです。それは、戒律をそれぞれの個人の生き方として内面化するということでもあります。戒律を外から与えられたものではなく、〝なんとしても守らなければならないもの〟として定着させる工夫が求められるのです。

そこに登場するのが、「回心《かいしん》」です。回心とは、基本的に信仰に目覚める体験を意味します。英語では〝conversion〟と言い、日本語の回心は、仏教用語の「回心」に由来します。こちらは「えしん」と読まれ、邪なこころを改めて正しい仏教の教えに立ち戻ることを意味します。

回心の重要性は、それがときに新たな宗教を開く教祖の体験になり得るということにあります。それについてはこの章の冒頭で見ました。釈迦もイエスも悪魔の誘惑を退けることで回心を果たしたと言えます。次の章で詳しく取り上げるキリスト教の教父、アウグスティヌスには『告白』という書物がありますが、そのなかで核心となっているのも、彼自身の回心体験です。

もちろん、回心は教祖だけが体験するものではありません。信仰の目覚めは、多くの人間に起こり得るものです。こうした回心について研究する学問は「宗教心理学」と呼ばれますが、そこで明らかになったのは、回心と性が深く結びついているということです。

私が大学の専門課程に進んでから学んできたのが、「宗教学」という学問です。宗教学は宗教という人間特有の現象を研究するものです。広く考えると、宗教を対象とすればすべて宗教学の研究になります。しかし、そうした研究のなかにはそれぞれの研究者自身が信仰している宗教の価値を高く評価し、それを証明しようと試みるものもあります。それは「神学」ないしは「宗学《しゅうがく》」と呼ばれます。これに対して、狭い意味での宗教学は価値判断から離れ、宗教という現象を客観的、中立的に研究していこうとします。

宗教学には、いくつかの分野があります。戦後に宗教学の中心を担った岸本英夫は『宗教学』（大明堂）のなかで、そうした分野として宗教心理学、宗教社会学、宗教文化人類学をあげています。宗教哲学や宗教現象学といった学問があげられることもあります。

このうち、回心という現象を主に取り上げるのが宗教心理学です。宗教心理学は宗教現象の心理的な側面を研究対象とするものであり、回心は重要なテーマとなっていったのです。

ただ、私の実感では、私が宗教学の研究を行ってきたこと50年の間、宗教心理学は必ずしも盛んではなかったように思われます。それがどういったところに原因があるかを見極めることは、今後宗教心理学の研究を進める上で重要になりますが、それが盛んだったのは、19世紀の終わりから20世紀のはじめの時期でした。

青年期に宗教に目覚める人が多い

現在でも宗教心理学の研究を続ける葛西賢太は『最新心理学事典』（藤永保監修、平凡社）の宗教心理学の項目のなかで、回心の研究について次のように述べています。

宗教心理学で最も広く扱われた主題として、回心conversion（宗教的な急激な目覚め）がある。リバイバル運動を背景とする回心研究は、１８８１年にホールHall, G. S.が行なったハーバード大学での講義を皮切りに、思春期の罪責感からの転換を質問紙法で数量的に吟味したスターバックStarbuck, E. D.（１８９９）、宗教的な手記を数多く引用したジェームズJames, W.のエジンバラ大学での講演録（１９０２）と続く。回心前後の鮮明な変化は心理学研究に好適であったが、回心という特異な体験はある種の異常心理ともとらえられた。

ここでまず注目したいのが、スターバックの研究です。ウィリアム・ジェームズは「純粋経験」という概念を提唱し、それが西田幾多郎の哲学や夏目漱石の文学に影響を与えたことが知られており、ここで言及されているエジンバラ大学での講演は『宗教的経験の諸相』（上下、桝田啓三郎訳、岩波文庫）として今でも読み継がれています。この『宗教的経験の諸相』については後に取り上げることになりますが、スターバックについては今ではほとんど取り上げられることはありません。それは忘れられた研究とも言えます。しかし、性と宗教との関係を考える上では極めて重要なものです。

スターバックの1899年の著作は"The Psychology of Religion: An Empirical Study of the Growth of Religious Consciousness"です。実は戦前に翻訳が出版されており、それがエドウィン・スターバック『宗教心理学』（小倉清三郎訳、警醒社書店）です。現在、この翻訳は国立国会図書館デジタルコレクションに収められており、インターネットで閲覧できるようになっています。

スターバックは質問紙による調査を行っているのですが、そこで注目しているのが、回心が起こる年齢です。スターバックは「回心の現象が起るのは殆んど専ら十五歳乃至二十五歳の間に於てゞある」と指摘しています。

回心という現象が現れはじめるのは7歳、もしくは8歳からで、10歳から11歳に至るまでは徐々に増えていき、その後16歳になるまでかなりの割合で増えていきます。その後は

20歳になるまで減少し、それ以降は稀になります。スターバックはこうしたことを踏まえ、回心を「青年期の現象」であるととらえています。

ただそこには男女の差もあります。女子のほうが男子よりも回心は早く起こり、13歳と16歳がもっとも多くなっています。それに対して男子は、16歳とその前後がもっとも多いのです。スターバックは、20歳以上の女性254人、男性235人を調査対象としています。

ではなぜ、回心は青年期の現象で、男女に差があるのでしょうか。

男子より女子のほうが信仰の目覚めが早い理由

それについてスターバックは、心理的な面と生理的な面から考察を行っています。

心理的な面としては、抽象思考作用の発達が必要であるとし、既存の研究から11歳頃に知的生活において成長を見せることを理由にあげています。20歳以後に回心体験が少ないのは、すでにその時点では自分の考えが固まっていて、新しい思想に目覚めるとか、性格が変わるということが起こり得なくなるというのです。

これは常識的な解釈と思えますが、重要なのは生理的な面です。回心が起こる時期は生理的な変化が起こる時期と重なっていて、男子では声変わりが起こったり、髭が生えるようになります。あるいは心臓の容積が増し、逆に動脈の容積が減って血圧が高まるなどします。スターバックは「中心的変化が生殖系統に表はれてくる」としています。

スターバックは「春機発動期」という言い方をしていますが、これは思春期のことで、第2次性徴が起こり、男女とも性的に成熟する時期のことをさします。女子の場合には最初の月経、初潮が目安になりますが、その平均は14・8歳で、早いと10歳、遅いと20歳ではじめて訪れます（現代の日本では、初潮の平均は12～13歳で、スターバックの時代よりも早くなっています）。

春機発動期と回心の年齢とを比較した場合、女子では春機発動と同じ年に回心が起こっている事例がもっとも多く、その前後の年がそれに次ぎます。ところが男子の場合、春機発動後に回心が起こることが多くなっています。そこには、女子の初潮のような春機発動の明確な指標がないことも影響しています。

このスターバックの研究について、ジェームズは『宗教的経験の諸相』のなかで次のようにのべています。

カリフォルニア大学教授スターバックは、その近著『宗教心理学』の中で、統計学的な調査に基づいて、福音主義派の団体のなかで育った若人たちに普通に起こる「回心」が、あらゆる階級の人間の青春期にごく普通に見られる豊かな霊的生命の成長と、そのあらわれ方がいかによく似ているかを示している。

そして「スターバックの結論は、確かなものと見て差し支えないと思う」と述べ、回心が青年期における正常な現象であり、小さな子どもの世界から、知的にも精神的にも広い大人の世界に移行するときに付随して起こる現象だとしていました。

ジェームズによる『宗教的経験の諸相』は、すでに述べた通り、スコットランドのエジンバラ大学のギフォード講座での講演がもとになっています。ジェームズはアメリカの生まれで、家族とともにヨーロッパで生活したこともありましたが、講演を行った当時はアメリカのハーバード大学の教授をつとめていました。したがって、ジェームズは海をわたって講演をしに行ったことになります。

『宗教的経験の諸相』は宗教体験、あるいは神秘体験について心理学の観点から分析を行ったものですが、多くの事例を集め、それを詳しく紹介しているところに特徴があります。そのなかにはスターバックが蒐集した手記資料が含まれているのですが、ジェームズはそれをスターバックから譲り受けています。

ジェームズがそうした宗教体験についての資料を読み進めるなかで明らかになったのは、「健全な心」と「病める魂」との違いでした。

「健全な心」と「病める魂」

健全な心とはどういうものか。ジェームズはそれを「体質的に、世界の楽しい一面を強調して、反対の気質の人々がやるように、世界の暗い面を思いわずらうことを宿命的に禁じるような」気質であるとしています。その上で、現代における健全な心の実例を、詩人のウォルト・ホイットマンに求めています。この講演は１９０１年と１９０２年の２年にわたって行われていますが、その時点ではホイットマンが亡くなってから10年も経っていませんでした。

ジェームズは、ホイットマンが文学上重要な位置を占めているのは「心を偏狭にするような要素を原則的に排除しているからである」としています。ホイットマンの読者は「あらゆるものが神々しい善であるという確信を与えられ」るというのです。

注目されるのは、ホイットマンが「異教徒」と呼ばれることがあるという指摘です。この場合の異教徒とは、キリスト教徒ではない者、さらに言えば、キリスト教以前のギリシア人やローマ人の宗教を信仰する多神教徒ということです。つまり、ホイットマンの世界観はキリスト教的ではない、とされているわけです。

ジェームズは、こうした健全な心の宗教を信仰する人間を「一度生まれ」とも呼んでいます。これは「二度生まれ」と対比される概念で、二度生まれとはもう一つの類型、病める魂のことです。

では、病める魂とはどういうものなのでしょうか。ジェームズは「悪というものを、主体と特殊な外的事物との関係であるばかりでなく、もっと根本的で一般的なあるもの、自己の本質のうちにある不正ないし悪徳であって、環境を改めても、内的な自己をうわべだけどんなに列べ変えてみても癒やすことができず、なにか超自然的な治療を必要とするものとみなすような人々」であるとしています。表現は難しいですが、自己の内面に悪が存在することを認識し、そこからの救いを求める人間が病める魂の持ち主であるとしているわけです。

病める魂の持ち主が神仏を求め回心を遂げる

ジェームズは病める魂の代表的な人物として、宗教改革をはじめたマルティン・ルターや、ロシアの小説家トルストイの名前をあげています。そして、カトリックの哲学者であるグラトリ神父が工芸学校の学生だったときの心境について記したものを、この事例の代表的なものとして紹介しています。

グラトリは「私は何もかもを恐《こわ》がるようなはげしい恐怖病にかかって、パンテオンの神殿が工芸学校の上へ倒れかかってきたとか、校舎が燃えているとか、セーヌ河が地下墓地に流れこんでいるとか、パリがいまにも洪水に呑みこまれようとしているとか、と考えて、夜中にはっと驚いて目をさました」と述べています。そして一番恐ろしかったのは、天国の観念が自分のなかから消え去ってしまったことであり、「幸福、歓喜、光明、情愛、愛――こういう言葉がすべていまや意味をもたなくなった」というのです。

現代であるなら、こうした心理状態は「鬱」と表現されることでしょう。多くの宗教家はこうした病める魂の持ち主であり、激しい鬱状態を経験していました。だからこそ神や仏を強く求め、結果的に回心を遂げていくことになったのです。

たとえばイスラム教を開くことになるムハンマドは商人として活動し、やはり商人だった年上の妻と結婚したものの、40歳くらいの中年期に達したところで悩みを抱くようになります。その悩みがどういったものであったかについては、不思議なことに伝えられていません。しかしこのエピソードは、ムハンマドが病める魂の持ち主だったことを示しています。ムハンマドはそこから洞窟で瞑想を行うようになり、あるときから天使ジブリールを介して神の啓示を受けるようになったのです。

釈迦も結婚をし、子どもまで儲けていたにもかかわらず、29歳のときに出家して修行生活をはじめました。なぜ出家したかといえば、生老病死の苦の問題に深く悩んだからでした。釈迦はもともと王族の生まれで、何不自由のない生活を送っていた点からすれば、一度生まれの健全な心の持ち主として生涯をまっとうしたとしても不思議ではありません。ところが苦の存在を知ったことで病める魂となり、そこからの癒やしを求めて苦行を含む修行の日々を送ることになったのです。

病める魂は二度生まれであり、それは回心を体験したことを意味します。この世に生まれることが1度目の生まれの体験であり、回心が2度目の体験となるのです。逆に回心を遂げたということは、その人間が病める魂の持ち主であったことを示しています。

ただしムハンマドや釈迦、そしてイエス・キリストのように、新しい宗教を興すような人間は特別な存在であり、一般の人間は、いくら病める魂の持ち主であったとしても、それほど劇的な体験をすることはありません。

ムハンマドは中年になってから回心を体験しているので、そこには性の問題は関係していないことでしょう。しかし釈迦とイエスは、すでに述べたようにムハンマドよりも若い時期に性的な誘惑を受けています。そして、スターバックが対象とした人々も、青年期に回心をしています。

性の目覚めが、宗教への目覚め、信仰の目覚めに結びついた可能性が高いのです。

10代で宗教的回心を遂げることがない日本

ジェームズはスターバックの研究について紹介する際、その対象となったのが「福音主義派の団体のなかで育った若人」であるとしていました。ここで言われる福音主義派が具体的に何を意味するかは明らかにされていませんが、現在のアメリカで福音主義派と言えば聖書の教えを文字通りに信じ、公立学校で進化論を教えることや人工妊娠中絶に反対する人々のことを指します。アメリカでは、現代もこうした福音主義派が全体の4分の1を占めています。

スターバック自身は『宗教心理学』のなかで自分の用意した質問紙に答えた人間の大半がプロテスタントであるとはしているものの、福音主義派だとはしていません。宗派としてはメソジストが一番多く、会衆派、バプチスト派、聖教派、クリスチアン派、フレンド派がほぼ同数であるとし、多くはアメリカ人ですが、イギリス人をはじめ、さまざまな国の人間が含まれているとも述べていました。したがって福音主義派だけが対象になっていたわけではありません。

しかし福音主義派と回心との関係は重要で、そこにはやはり性の問題がかかわってきます。その点については「おわりに」で述べることにします。

たしかにスターバックが示したように、アメリカでは第2次性徴の訪れが回心を引き起こすことになるのかもしれません。では、他の国、他の宗教ではどうなのでしょうか。日本で思春期に宗教的な回心を遂げたという事例はあまり報告されていません。10代で性に目覚めるとともに、宗教に目覚めるということは、ほとんど起こらないことではないでしょうか。

日本で起こらないことが、なぜアメリカでは起こるのでしょうか。性と宗教との関係を考える上でこの点は極めて重要です。次の章ではその理由について考えることにします。

第２章　イエスに邪な気持ちはあったのか

――キリスト教が「原罪」と「贖罪」を強調した理由

ちました。

「人はその妻エバを知った」の真意

キリスト教の歴史を考える上で、「原罪」という教義の確立は決定的に重要な意味を持ちました。

エデンの園にいた最初の人間、アダムとエバが神の命じるところに逆らい、そこに生えていた善悪を知る木から木の実を取って、それを食べてしまいます（帯図版参照）。それが原罪であり、その罪は遺伝して、その後の人類全体に伝えられることになったというのです。

人類は誕生したそのはじまりから罪を犯したというわけです。その罪は人類全体に伝えられたのですから、私たちは誰もが罪人として生を享《う》けることになります。考えてみればこれほど恐ろしい考え方はありません。この世に生を享けることがそのまま罪を背負うことに結びつくからです。出産という行為が、罪人を産むことにつながるのです。

アダムとエバの犯した原罪は、性と結びつけられています。木の実を食べたことで二人は裸であることにはじめて気づき、それで恥ずかしくなり、いちじくの葉をつづりあわせて腰に巻きました。これは、二人が性を知ったことと解釈されています。つまり二人は禁じられた性行為に及んだのだというわけです。

エデンの園を追放された後、エバは身籠もり、最初の子カインを産みます。そのことは

「創世記」4章のはじめの部分に記されています。この章は「人はその妻エバを知った」ではじまります（聖書の訳文は日本聖書協会の『口語訳聖書』による）。この場合の「知る」は、単に知識を得ることではありません。

その肉体を知ったということであり、性交を意味します。

原罪はユダヤ教にはなかったキリスト教の教え

ユダヤ教からキリスト教、そしてイスラム教へと受け継がれる一神教の伝統において、神は唯一絶対の創造神であるとされ、究極の善なる存在であるとされています。

したがって神によって創造された世界においては、善がゆきわたっているはずです。だからこそ、エデンの園はそうした場所として描かれているのです。

ところがエバは蛇に誘惑され、神の命令に背いて木の実を食べてしまいます。それによって二人は楽園を追放され、産むことの苦しみ、あるいは労働と死を運命づけられることとなりました。誘惑に負けたことが人間の運命を根本から変えてしまい、人はもはや楽園に住むことができなくなってしまったのです。

ここで重要なのは、「創世記」において語られた物語を原罪と結びつける見方がユダヤ教には存在しなかったという点です。原罪はあくまでキリスト教の教えであり、ユダヤ教とは無縁なのです。
以下、基本的なところを確認しておきましょう。

キリスト教とユダヤ教の違い

「創世記」は、キリスト教の聖書のうち『旧約聖書』に含まれ、その冒頭におかれています。ところが『旧約聖書』という言い方、とらえ方はあくまでキリスト教の立場からのもので、本来、『旧約聖書』はユダヤ教の聖典でした。

ユダヤ教では、自分たちの聖典を「タナハ」と呼びます。タナハとは、それを構成するトーラー「モーセ五書」、ネイビーム「預言者」、クトビーム「諸書」の頭文字、TNKに母音をつけたもの（Tanakh）です。ユダヤ教では、このうちでトーラーがもっとも重視されます。それは「創世記」「出エジプト記」「レビ記」「民数記」「申命記」からなっています。

一方、キリスト教においては『旧約聖書』とは別に、「福音書」「使徒行伝」、各種の手紙、「黙示録」からなる『新約聖書』が編纂されました。新約とは、イエス・キリストが現れることによって神と結ばれた新たな契約のことで、それ以前の契約は旧《ふる》い契約としてとらえられました。

タナハと『旧約聖書』とでは、そこに収められた文書は同一です。ただし、ユダヤ教の三つの分類（「モーセ五書」「預言者」「諸書」）とは異なり、『旧約聖書』では「律法」「歴史書」「詩歌」「大預言書」「小預言書」の五つに分けられます。また、タナハで「預言者」に含まれている「サムエル記」や「列王記」は、『旧約聖書』では「歴史書」に含まれています。各文書の並べ方も両者では異なっています。

日本ではキリスト教のほうがユダヤ教よりもはるかに影響力が強いため、「創世記」と言えば『旧約聖書』の「創世記」ということになります。しかし、「創世記」は本来、ユダヤ教の「モーセ五書」の一つです。「創世記」を『旧約聖書』のものととらえてしまうと、本来のあり方を見誤る危険性があります。

それは「創世記」の物語を解釈する際、キリスト教側の見方を私たち日本人が受け入れてしまうことに結びつきます。ところがユダヤ教の解釈とは異なることもあり、その点で注意が必要です。原罪をめぐっては、二つの宗教のあいだでの考え方がまったく異なっているのです。

ユダヤ教では、「創世記」に記された出来事を原罪の発生とはとらえません。キリスト教では〝蛇は悪魔である〟という解釈がなされますが、ユダヤ教ではそのようにはとらえないのです。したがってユダヤ教には原罪の観念はなく、人間が根本的に罪を背負った罪人であるとは考えないのです。

またキリスト教では、イエス・キリストは人類全体の罪を贖うために十字架にかけられて殺されたと解釈しています。それがキリスト教の信仰の根幹にあるわけで、罪を贖うという考え方が出てくるのも原罪を前提としているからです。原罪があるから贖罪が求められるのです。一方、ユダヤ教には原罪の観念がないので、贖罪の必要性が説かれることはありません。この点において二つの宗教は性格を異にしているのです。

贖罪としての十字軍と人間の性欲

一神教の系譜の最後に位置するイスラム教は、それに先立つユダヤ教とキリスト教の影響を受けながら発展していくことになりましたが、ユダヤ教の影響をより強く受けています。したがって原罪という考え方をキリスト教から取り入れることはありませんでした。イスラム教の聖典である『コーラン』では、神が慈悲深い存在であることが強調され、あらゆることを許してくれるとくり返し説かれているのも、原罪の考え方がないことと関連しています。

その点において原罪の教義はキリスト教に独自なもので、それはユダヤ教においてもイスラム教においても共有されていません。そして原罪という教義があるがゆえに、キリスト教のあり方、あるいはその歴史は特異な方向に向かっていったのです。

たとえばキリスト教のカトリック教会には「告解室」というものが設けられています。これは、信者が神父に対して自らの罪を告白し、神からの許しを得るための場所です。何を罪と考えるかは信者それぞれの判断に任されますが、この告解という行為はカトリック教会が定めた「七つの秘蹟」の一つに数えられています。信者が教会に出向いて告解をするのも贖罪を求めてのことで、人は罪深い存在であるという教えがその前提になっています。

告解は個人的なレベルでのことですが、贖罪を求めるということで世界の歴史に大きな影響を与えたのが、十字軍の場合です。

十字軍を召集したのはローマ教皇のウルバヌス2世（1042—99）で、それは1095年11月のことでした。十字軍という名称は後からつけられたもので、ウルバヌス2世はそれを最初、「旅」もしくは「巡礼」と呼びました。十字軍の目的はイスラム教の支配下にあった聖地エルサレムを奪回することにありましたが、それが罪を贖うための聖地巡礼としてとらえられたのです。ウルバヌス2世は十字軍への参加が贖罪になると説きました。

それ以降、十字軍の派遣はおよそ200年間くり返され、最後の第9回十字軍は1271年から72年にかけてのものでした。第1回十字軍は目的としたエルサレムの奪回を果たし、そこにエルサレム王国を樹立することに成功します。しかし王国は100年も続かず、イスラム教徒によって奪い返されてしまいます。その後、第6回十字軍もエルサレムの奪回に成功しましたが、その状況は15年ほどしか続きませんでした。

その点で、十字軍の試みが成功したとは言えません。しかも十字軍の側にも、イスラム教徒の側にも膨大な犠牲者が生まれました。それでも多くの人間が十字軍に参加したのは、キリスト教徒のあいだで贖罪が強く求められていたからです。贖罪の背景には原罪の観念があったわけで、この教義の確立は、世界を大きく動かすことに結びついたのです。

ではなぜキリスト教において、原罪の教義が確立されたのでしょうか。

そこには、一人の人間の性欲が関わっています。

マニ教からキリスト教に改宗したアウグスティヌス

その一人の人間とは、教父アウグスティヌス（354―430）のことです。教父とは、キリスト教の初期の時代の指導者、神学に関する著作をものした人物のことをさします。

そうした教父のなかでも、アウグスティヌスの影響力は抜群でした。

アウグスティヌスに関して重要なことは、彼がもともとはキリスト教徒ではなく、マニ教の信者であったことです。

マニ教はササン朝時代のペルシアに生まれた宗教で、その名称は教祖のマニに由来します。マニは3世紀の人物ですから、マニ教はキリスト教よりも後に生まれた宗教ということになります。ペルシアでは古い時代からゾロアスター教が広がっており、マニもその影響を受けています。ただしマニはインドで宣教活動を行った経験があり、仏教についても知識がありました。

マニの興したマニ教は、ササン朝ペルシアにおいて、あるいはその周辺において教勢を広げることに成功し、中国にまで伝えられました。しかしその後衰退し、現在ではほぼ消滅しています。中国には未だにマニ教を信仰している村がありますが、中国の民間信仰と習合しており、はたしてそれをマニ教と呼んでいいのかは疑問です。

マニ教の特徴は、一つにはゾロアスター教の影響を受け、「善悪二元論」の立場をとったことにあります。もう一つの特徴は仏教などインドの宗教の影響を受け、「現世拒否」の姿勢をとったところにあります。この点はアウグスティヌスにさまざまな形で影響を与えました。

善悪二元論は、世界のはじまりから善なる神と悪なる神が対立し、抗争をくり返してきたととらえる考え方です。これによって世界に悪が存在する理由を説明できます。悪が生まれるのは悪神の働きだとなるからです。

こうしたとらえ方は日本の国学者、本居宣長《もとおりのりなが》もしています。宣長は当時読めなくなっていた『古事記』の解読に取り組み、その成果を『古事記伝』にまとめていますが、この世界に生まれる悪は、『古事記』に登場する禍津日神《まがつひのかみ》によるものととらえ、いたしかたないことだとしました。

ここで重要なのは、こうした善悪二元論が神を絶対善とする一神教と対立することです。アウグスティヌスがマニ教からキリスト教に改宗したことや、改宗後、マニ教批判をくり返したこともそこに関係します。

これに対し現世拒否は仏教の特徴であり、仏教は現世を苦の世界ととらえ、そこからの解脱をめざします。これは仏教以前からすでにインドのなかに広がっていた考え方で、現代のインドでも受け継がれています。マニは現世拒否の考え方にもとづいて物質や肉体を嫌悪し、生殖活動も否定しました。それはかなり極端な考え方とも言えますが、生殖を否定する宗教は歴史上さまざまな形で現れています。キリスト教の異端にもその傾向があり、そのことはこの章の後半で述べます。

なぜアウグスティヌスは最初、マニ教にひかれたのでしょうか。

そこには、キリスト教をめぐる重大な問題がかかわっていました。

キリスト教にひかれたアウグスティヌスの事情

キリスト教では、唯一絶対の神が信仰の対象とされます。その神は絶対の善と考えられています。

ところが、神が創造したはずの世界には、現実にはさまざまな形で悪が現れます。善なる神が創造した世界になぜ悪が存在するのか。それは、重大で、また解くことが難しい問題です。キリスト教に改宗して以降のアウグスティヌスは、その解答を得るために腐心します。

それに比較したとき、マニ教が説くような善悪二元論は、この世に悪が存在する理由を容易に説明してくれます。悪神がいるからこの世界にも悪が生まれるのだ。善神はその悪神と戦い、やがては勝利をおさめるに違いない。マニ教の信者はそれに期待をかけ、それまでのあいだ、現世拒否の教えにもとづく禁欲を実践するのです。

アウグスティヌスは多くの著作を残したところに示されているように、論理を重視する人間です。その点で、当初の彼には、マニ教のほうが悪の存在を説明できる合理的な宗教であるように感じられたに違いありません。それが、最初マニ教に魅力を感じた理由だったのではないでしょうか。

しかし、やがてアウグスティヌスはマニ教に疑問を持つようになります。そこには哲学を学ぶようになったことが影響していましたが、もう一つ個人的な事情がありました。アウグスティヌスはさまざまな女性と関係を持ち、禁欲とはほど遠い生活を送っていたのです。

そうしたなか、やがてアウグスティヌスはキリスト教にひかれていくようになります。そこには、母親がすでにキリスト教の信仰を持っていたことが影響していましたが、修辞学の教師として赴いたミラノで、キリスト教の司教アンブロシウスの説教を聞いたことも重要でした。アンブロシウスはこの世に悪が存在する理由について、マニ教とは異なる考え方を示してくれたからです。

アウグスティヌスが体験した回心

アンブロシウスは、神はあくまですべての被造物を善なるものとして創造したと説きました。したがって人間にとって善が本来の形であり、悪は善の欠如として説明できます。ではなぜ善の欠如としての悪が生じるのか。アンブロシウスは、人間が悪をなす原因は人間自らの自由意志、意思の自由選択にあると説きました（出村和彦『アウグスティヌス――「心」の哲学者』岩波新書）。

悪が人間の自由意志にもとづくものであるとするなら、人間の側の主体的な努力によって悪をなくすこともできます。アウグスティヌスは次第にそのように考えるようになったのです。

そして386年の夏、アウグスティヌスは回心を体験します。そのとき、隣の家から子どもの声で「取って読め、取って読め」と何度もくり返されるのが聞こえてきました。アウグスティヌスはその子どものことばを、聖書を開いて、最初に目に留まった箇所を読めという神からのメッセージとして受け取り、聖書がおかれている場所に戻ると最初に目にふれた箇所を読んでみました。

するとそこには「酒宴と酩酊、淫乱と好色、争いとねたみを捨て、主イエス・キリストを身にまといなさい。欲望を満足させようとして、肉に心を用いてはなりません」と書かれていました。これはパウロによる「ローマの使徒への手紙」のなかにあることば（13章13〜14節）ですが、アウグスティヌスはそれを、まさに自分のことを言い当てたものとして受け取ったのです。

アウグスティヌスはこの体験について、自らの信仰遍歴を語った『告白』のなかで「わたしはそれから先は読もうとはせず、また読むにはおよばなかった。この節を読み終わると、たちまち平安の光ともいうべきものがわたしの心の中に満ち溢れて、疑惑の闇はすっかり消え失せたからである」と述べ、そのときの感動について熱く語っています（アウグスティヌス『告白』上下、服部英次郎訳、岩波文庫）。

アウグスティヌスは愛欲生活に溺れた末に、キリスト教の信仰を持つに至りました。そこには、善悪二元論のマニ教を否定するという意味もありました。アウグスティヌスのマニ教からキリスト教への改宗は、善悪二元論を捨て、キリスト教が説く一元論に立つことを意味します。それ以降、アウグスティヌスは『カトリック教会の習俗とマニ教徒の習俗』をはじめとして、マニ教の教えを論破する書物を次々と著していきます。

キリスト教の危機と原罪の強調

そのなかで、アウグスティヌスは原罪を強調するようになります。もっともそれは、アウグスティヌスがはじめてというわけではありません。2世紀の教父エイレナイオスはすべての人類の祖であるアダムを通して、〝人類全体が罪を犯した〟ととらえました。

アウグスティヌスはそうした考えを踏まえ、さらには自らが放蕩の生活を送ったことを反省することによって、原罪を強調するようになります。アウグスティヌスは、神に禁じられた木の実を食べたアダムとエバが恥じて陰部を隠したのは二人が性行為を行ったからだととらえ、その罪は両親から遺伝を通して伝えられる原罪であるとしました。アウグスティヌスは『告白』のなかで、人間は「原罪のくびきにつながれている」という言い方をしています。

この原罪に関するアウグスティヌスの考え方は、529年に開かれたオランジュ公会議において承認されました。そこでは神による恩寵の必要性が強調されましたが、その理由として、それなしには原罪を免れることができないことがあげられていました。

こうして原罪はキリスト教の正式な教義となり、エデンの園でエバを誘惑した蛇は悪魔、サタンとしてとらえられるようになります。いつ頃からそうした同一視が行われたかわかりませんが、「ヨハネの黙示録」には「この巨大な竜、すなわち、悪魔とか、サタンとか呼ばれ、全世界を惑す年を経たへびは、地に投げ落され、その使《つかい》たちも、もろともに投げ落された」とあります。こうしたことをもとに、蛇は悪魔と見なされるようになったのです。

人間は誰もが生まれながらにして罪を背負っている――それはつまり、人は罪人であり、悪をなした存在、あるいは必ずや悪をなすであろう存在と見なされることを意味します。こうした考えは自己のあり方を反省することにも結びつきますが、人間性を否定することにもつながりかねません。

ではなぜ、このような原罪の教義がキリスト教の教会に受け入れられることになったのでしょうか。いくらアウグスティヌスが強く説いたとはいえ、それだけでは原罪の教義が広く受け入れられることには結びつかないはずだからです。

そこには、キリスト教会がおかれた状況が関係していたに違いありません。

キリスト教は、イエス・キリストが十字架にかけられたことからはじまります。イエスは神の子であり、その死によって人類全体の罪が贖われたと考えられました。しかし復活したイエスは少数の弟子たちの前に現れたにすぎず、それはあくまですぐにでも訪れる最後の審判を予告するものととらえられました。最後の審判が訪れればイエスは地上に再臨し、天国に召される者と地獄に落とされる者とが選別され、前者だけが救済されることになります。

ところが、差し迫っているとされた最後の審判はすぐには訪れませんでした。そうなると予言が外れたわけで、キリスト教は危機を迎えることになります。そこで強調されるようになったのが教会の存在意義です。教会には罪を贖う力が備わっているとされるようになります。そのための手立てが「七つの秘蹟」ということになるのです。

その意味で原罪の強調は、教会が救済機能を持つことと深く結びつき、その存在意義を示すことになりました。原罪が強調されれば、贖罪が求められます。罪を贖う役割を担うことで、教会はその存在感を増し、キリスト教の信者を増やしていくことになったのです。

そして贖罪を求めるということは、さまざまなことに波及していきました。

聖遺物が果たした役割

十字軍への参加が贖罪に結びつくとされたことについてはすでにふれましたが、十字軍の隠れた目的の一つに聖遺物の蒐集ということがありました。

聖遺物とは、主に聖人の遺骨をさします。初期の時代に殉教した宣教者が数多く出たキリスト教では、そうした人々を聖者、聖人として死後に信仰の対象にしていきました。病気治しなどの奇跡を引き起こす力があるとされたからです。その際、聖人の遺骨が信仰の対象になりました。カトリック教会はこうした信仰を、神やイエスに対するものと区別するために「崇敬」と呼びます。したがってそれは「聖遺物崇敬」と言われます。

十字軍は聖地エルサレムの奪回をめざしたわけで、その地域ではイエスがさまざまな形で活動し、弟子たちも同様に活動していました。したがって聖遺物が多く存在すると考えられ、十字軍はそれを発見し、ヨーロッパに持ち帰ろうとしました。

十字軍が派遣されたのは、イエスが活動していた時代からすでに1000年が経過しており、聖遺物が簡単に発見されるはずもありません。したがって、ほとんどはただの偽物と考えられます。遺骨ではありませんが、イエスが十字架にかけられたとき、そのからだを突き刺した槍も聖遺物には含まれ、それは「ロンギヌスの槍」と呼ばれました。ロンギヌスはイエスを突き刺したローマ兵の名前であり、それを契機に回心し殉教したとされますが、明らかに伝説上の人物です。

ヨーロッパに持ち帰られた聖遺物はそれぞれの教会に安置され、それを目当てに多くの信者たちが教会に集まってきました。病気治しなどの奇跡を期待したからで、聖遺物には贖罪の力が備わっていると考えられたのです。有力な聖人の聖遺物は絶大な力を発揮すると信じられ、その争奪戦がくり広げられ、なかには売買されるものもありました。

仏教においても、その信仰が広まる上で釈迦の遺骨「仏舎利《ぶっしゃり》」が果たした役割には大きなものがありました。聖なる存在の遺骨はやはり特別な力を発揮すると考えられたのです。

釈迦は涅槃《ねはん》を果たした後に火葬され、最初仏舎利は八つに分けられます。仏舎利を祀るために各地に仏塔が建てられました。その後、仏教に対する篤い信仰を持ったアショカ王はそのうち七つの仏塔から仏舎利を取り出し、それを8万以上に分けました。それによってさまざまなところに仏塔が建てられ、それが寺院に発展することで仏教の信仰は広まっていきました。それと似たことが、聖遺物を介してヨーロッパでも起こったのです。

異端が性行為を禁じた理由

やがて教会は、収入を増やすことを目的に「贖宥状」を販売するようになります。それを買えば罪が贖われるとされたのです。いわゆる免罪符です。それに対してマルティン・ルターが異議を唱え、それが宗教改革へと結びついていきました。

ルターは、もともと聖アウグスチノ修道会の修道士でした。こうした修道士が所属する修道会はキリスト教に特有なもので、3世紀の終わりにエジプトのアントニオスが禁欲修行をはじめたのが最初であるとされます。

その後、500年頃に修道生活に入ったベネディクトゥス（480―547）は「祈れ、そして働け」というスローガンを掲げ、修道院の規則を定めることでそれが修道生活を広めるきっかけになります。やがてクリュニー会やシトー会といった観想修道会が生まれ、13世紀以後にはフランシスコ会やドミニコ会などの托鉢《たくはつ》修道会も誕生します。

托鉢修道会の誕生には、カタリ派などの異端が勢力を拡大したことがかかわっていました。カトリック教会の特徴は公会議を開き、そこで教義を定めることにあります。こうした制度はカトリック教会に特有なもので、正統とは異なる教義を説く勢力は異端とされ、教会から追放されました。

カタリ派の源流となるものが、バルカン半島に生まれたボゴミリ派（ボゴミル派）です。ボゴミリ派は、物質の世界を悪に属するととらえました。私たちの目に見える世界はすべて神の創造したものではなく、悪魔が造ったものだというのです。

その上でボゴミリ派は『旧約聖書』を排撃し、洗礼者ヨハネを最後の審判の前に現れるアンチ・キリストの前触れとして悪しき者ととらえ、聖母マリアの実在も否定しました。キリストの降誕、受難、復活も現実のことではないとし、教会の制度や儀礼、あるいは聖遺物崇敬なども全面的に否定したのです。労働についてもそれは悪魔が創造したこの世のものであるとして否定し、さらには世俗権力も否定しました。

その代わりに徹底して重視されたのが禁欲の戒律でした。なかでも生殖や肉そのものが悪として不浄視され、憎悪の対象になりました。カタリ派は、こうしたボゴミリ派の思想を受け継いだのです。

そして悪魔の創造した世界を離れるということで、自殺が「耐忍礼」という形で制度化されるまでに至りました。これは「帰依者」と呼ばれる一般の信者は対象外とされましたが、「完徳者」と呼ばれるカタリ派の聖職者には勧められました。

カタリ派では、目に見える物質の世界は悪魔によって創造され、神によって創造された精神は肉体という物質にとらわれているととらえます。そこには、神と悪魔を対立させる善悪二元論の傾向がありました。したがってカタリ派などの異端は、カトリック教会の側からアウグスティヌスが否定したマニ教と称されることが多かったのです。

カトリック教会においては原罪が教義として定められ、人間は生まれながらにして罪深い存在とされました。その罪は、生殖活動によって次の世代へと受け継がれていきます。その点で、性行為は罪を広めていく忌まわしい行為であるということになります。

カタリ派などの異端は、そうした考え方を極端にまで推し進めました。一方、修道会では、異端ほど極端なものにはならないような形で禁欲が実践されました。修道会に所属して修道士として活動するということは、世俗との関係を断ち切るということであり、結婚することもなければ性行為に及ぶことも慎まなければならなかったのです。

イエスに邪な気持ちはあったのか

そうした生活の大本は、イエス・キリストに求められました。西暦の紀元はイエスの誕生にもとづくとされますが、実際にはその少し前に生まれたと考えられており、十字架にかけられて殺されたときは30代前半であったと推測されます。

イエスの生涯は『新約聖書』の冒頭におさめられた「福音書」につづられていますが、そのなかにイエスが結婚したという記述は見られません。また、女性と性的な関係を結んだともされていません。イエスは生涯独身を守ったものと見ることができます。それが、イエス自身の意図したことなのかどうか、その点について本人はとくに何も語っていません。

イエスが性のことについて発言したものとして代表的なのが、第1章でふれた「マタイによる福音書」の「『姦淫するな』と言われていたことは、あなたがたの聞いているところである。しかし、わたしはあなたがたに言う。だれでも、情欲をいだいて女を見る者は、心の中ですでに姦淫をしたのである」（5章27～28節）です。

「姦淫するな」という戒律は、モーセの十戒に示されています。イエスはそれについてふれた上で、実際に行為に及ばなくても、こころのなかにみだらな思いが生じたならばそれは姦淫にあたると、さらに厳しいとらえ方をしています。

あるいは、「ヨハネによる福音書」には姦通した女がとらえられ、「レビ記」の規定にしたがって石打ち刑にされそうになっているとき、イエスが「あなたがたの中で罪のない者が、まずこの女に石を投げつけるがよい」と述べたことがよく知られています（8章1～7節）。「マタイによる福音書」にあることばがイエスの口から出たということは、自身にそうした経験があるからでしょう。第1章では悪魔による誘惑にそれがあったと推測しました。もちろん福音書にはそんなことは書かれていないわけですが、自分のことを棚に上げて、ただ外側から他人のありさまを観察して出てきたことばとは思えません。

「ヨハネによる福音書」のことばは、原罪の観念を前提とするなら当然のことになります。しかしイエスの時代には、まだ原罪の観念はありません。イエスは福音書のなかでそうしたことを述べてはいません。となるとやはり、イエスは自らのなかに邪な気持ちが生じたことをもとに、そのように発言していると見ることもできます。

しかし、だからといってイエスは性関係を持つこと自体を否定し、独身を守るべきだと説いたわけではありませんでした。

独身の勧めを説いたパウロ

独身を勧めているのは、イエスの死後に弟子となったパウロです。パウロは「コリント人への第一の手紙」の7章において、「さて、あなたがたが書いてよこした事について答えると、男子は婦人にふれないがよい。しかし、不品行に陥ることのないために、男子はそれぞれ自分の妻を持ち、婦人もそれぞれ自分の夫を持つがよい」(1~2節)と述べて禁欲を勧め、それができないなら結婚すべきだとしています。パウロはそれを「譲歩」としてとらえています(6節)から、結婚は性欲が暴走しないためのやむを得ない手段とされたのです。

その上でパウロは、「わたしとしては、みんなの者がわたし自身のようになってほしい。しかし、ひとりびとり神からそれぞれの賜物をいただいていて、ある人はこうしており、他の人はそうしている。次に、未婚者たちとやもめたちとに言うが、わたしのように、ひとりでおれば、それがいちばんよい」と述べています(7~8節)。

こうしたパウロのことばは結婚の勧めとしても解釈されるわけですが、そもそも人間が結婚し、子どもを儲けなければ、人間の社会は存続しません。

ですがパウロは、その前の6章で「あなたがたは自分のからだがキリストの肢体であることを、知らないのか。それだのに、キリストの肢体を取って遊女の肢体としてよいのか。断じていけない」とも述べています（15節）。

これは、独身者であっても遊女と交わってはならないとしたもので、やはり禁欲を命じたものです。

初期のキリスト教においては、最後の審判が差し迫っているということが前提でした。もしそれが本当のことになれば、現実の世界での暮らしが長くは続かないわけですから、結婚による社会の維持は必要ありません。おそらく、パウロが独身を「いちばんよい」としているのは、それが関係することでしょう。非常時だからこそのことばと考えられるのです。

それが、アウグスティヌスが登場することによって大きく変わりました。性行為は原罪と結びつけられ、罪深い行為とされました。そこには、アウグスティヌス自身のキリスト教への改宗以前の生活のあり方が関係していました。自らが罪深い生活を送っていたがゆえに、アウグスティヌスは原罪の存在を実感し、それを強調したのです。

そして、教会の発達とともに原罪と贖罪は一つに結びつけられ、その後のキリスト教会の歴史を動かす根本的な動因となっていきます。キリスト教の歴史とは、原罪と贖罪の歴史であるとも言えます。アダムとエバの性行為が、そしてアウグスティヌスの淫行が、キリスト教のあり方を規定したのです。そしてそれは性を嫌悪する異端を生み、一方で修道会を発展させることにも結びつきました。

前の章で、アメリカにおける若者の回心と第2次性徴の関係についてふれました。若者は、第2次性徴を経験することで性的な欲望を抱くようになります。ところが、アメリカはキリスト教社会であり、原罪の観念が広がっています。そこで性欲を感じるようになった若者たちは、自らを罪深いと感じるようになり、回心を果たすのです。だからこそ、原罪の観念がない社会においては、日本もそうですが、若者が宗教的な回心を遂げることはありません。

性をどうとらえるかで、宗教のあり方も大きく変わってくるのです。

では、原罪の観念のない日本の仏教ではどうなのでしょうか。

第3章　なぜ聖職者は妻帯できないのか

――仏教とキリスト教の違い　女犯とニコライズム

破戒の子が戒律を重んじた矛盾

戒律の復興運動に力を入れ、真言律宗の事実上の宗祖として知られる叡尊《えいそん》（1201—90）という鎌倉時代の僧侶のことを調べていて、私は驚きました。それはさりげなく書かれているので、あまり注目を集めることもないのかもしれません。『図説日本の仏教4鎌倉仏教』（三山進責任編集、新潮社）に次のような記述があります。

叡尊の信仰は、当時の旧仏教徒の通例として多岐にわたる。興福寺の学侶慶玄の子として生まれた叡尊は、七歳のときに母と死別した。

私が驚いたのは、叡尊が僧侶の子どもだとされていたからです。叡尊の父、慶玄がいかなる僧侶であったのか、詳しいことはわかりません。手元にある『岩波仏教辞典』にも登場しませんし、石田瑞麿『日本仏教史』でも取り上げられていません。

叡尊が僧侶の子として生まれたのはかなり皮肉な話です。というのも、僧侶が妻帯することは、戒律を破る「破戒」だからです。戒律を重んじた叡尊が、父親の破戒の結果生まれたということを、いったいどのように考えたらいいのでしょうか。叡尊自身がそうした自らの生まれをどのように考えていたかは興味深いところです。

鎌倉時代における叡尊の活動

叡尊には、85歳の時に自らの人生を振りかえって記した『金剛仏子叡尊感身学正記』という自伝があります。これは『感身学正記』と略称されることが多く、平凡社の東洋文庫にもそちらの名称で収められていますが、その最初の部分には「父興福寺学侶慶玄従源氏出、母藤原氏也」とあります。叡尊の下には二人の兄弟も生まれていますが、「父家貧、三人少児難養育」と記されています。ただし叡尊が、自分の父が破戒僧だったことについてどのように考えていたか、それがわかるようなことは記されてはいません。

鎌倉時代には「鎌倉仏教」あるいは「鎌倉新仏教」という新しい流れが仏教界に起こったとされています。鎌倉仏教を代表する僧侶としては、法然、親鸞、栄西、道元、日蓮、一遍などの名前があげられます。そうした僧侶に対しては強い関心が寄せられてきました。

たとえば評論家の加藤周一は、海外でも翻訳され、広く読まれている『日本文学史序説』（上下、ちくま学芸文庫）のなかで、鎌倉仏教は現世否定の傾向が強く、また超越的な絶対者を立てる点でそれまでの日本にはないものであり、「日本思想史上の例外となる」と鎌倉仏教を高く評価しています。

叡尊は、彼が生きて活動していた鎌倉時代には社会的な声望を得ていました。その証拠に、鎌倉幕府の要職にあった金沢実時《かねざわさねとき》の招きで叡尊は鎌倉に下向しています。そのとき叡尊は62歳でしたが、「衆生のため利益あるならば、たとえ地獄の炎に焼かれ、餓鬼道・畜生道の苦しみに困ったとしても悔やむべきではない、まして老身を顧み、遠路を痛むことがあってはならないと決心して」鎌倉に向かっています（性海『関東往還記』細川涼一訳注、平凡社東洋文庫の解説。性海は叡尊に随行しました）。

鎌倉時代の宗祖のなかで、ほかに幕府に招かれて鎌倉に赴いたのは道元だけです。日蓮は鎌倉に住み、そこで活動しましたが、幕府からは2度も流罪に処されています。一遍は鎌倉に立ち寄ろうとしましたが、幕府の執権北条時宗によって立ち入りを禁じられていますす。幕府は浮浪者の取り締まりをしており、貧しい格好をしていた一遍一行は、武士に棒で叩かれたのです。

在世中の叡尊が仏教界の重鎮であったことは間違いないものの、今日では、他の鎌倉仏教の宗祖ほど関心がむけられることはありません。叡尊を宗祖とする真言律宗が真言宗から独立したのは明治28（1895）年と新しく、『宗教年鑑』令和2年度版によれば、その信者数は9万1500人と、他の鎌倉仏教の宗派と比べてかなり少ないのです。

真言律宗の総本山は奈良の西大寺《さいだいじ》です。西大寺は、その名が示すように東大寺と対をなすもので、「南都七大寺」の一つにも数えられていました。奈良時代には壮大な伽藍を誇っていましたが、平安時代になると衰え、鎌倉時代に叡尊が復興したものの、戦国時代に受けた焼き討ちで大きな被害を被りました。西大寺がふるわなくなったことも、叡尊がさほど著名ではない一つの要因にあげられます。

鎌倉仏教が高く評価される背景には、それぞれの宗派が大教団に発展し、多くの信者を抱えるに至ったことがあります。そうした状況が生まれるのは、江戸時代に本末制度が導入され、個々の寺院はどこかの宗派の本山に属する末寺となることを強いられたからです。

現在の教団の規模が小さいとはいえ、叡尊の活動は、日本の仏教の歴史のなかでかなり重要な意味を持っています。それは戒律復興をめざしたからです。戒律ということは、日本仏教の歴史のなかで極めて重要な意味を持っています。

ではなぜ叡尊は戒律の復興をめざしたのでしょうか。

あらゆる性行為を禁じた戒律

それは当然、戒律が乱れ、破戒僧が横行するようになっていたからで、もっとも重大な事柄は「女犯《にょぼん》」でした。女犯とは、本来出家していて、性的な関係を結ぶべきではない僧侶が戒律を犯し、女性と性行為に及ぶことを意味します。

出家した男性は「比丘《びく》」、女性は「比丘尼《びくに》」と呼ばれ、そうした出家者に授けられる戒律が「具足戒《ぐそくかい》」と呼ばれるものです。比丘に対しては250戒、比丘尼に対しては348戒が定められています。なお、具足戒は、部派仏教の一つ、法蔵部に伝えられる「四分《しぶん》律《りつ》」をもとにしています。

比丘の250戒についてつぶさに見るとそれは八つの種類に分けられ、筆頭にある「四波羅夷法《はらい》」では、まず淫行が戒められています。

波羅夷とは、僧侶が犯してはならない重罪のことで、あらゆる性行為は波羅夷と見なされます。相手が異性であっても同性であっても同じで、さらには動物を相手にしても同様です。性器以外、口や肛門を使ったものも波羅夷と見なされます。

もう一つ「十三僧残《そうざん》」というものがあり、それは波羅夷に次ぐ重罪とされます。その最初の部分には、故出精戒《こしゅっしょう》、触女人戒《しょくにょにん》、麁悪語戒《そあくご》、歎身索供養戒《たんしんさくくよう》、媒嫁戒《まいけ》があり、それぞれ手淫、女性との接触、女性に淫らなことばを使うこと、女性を誘惑すること、そして男女関係を仲介することを意味します。

さらに、「二不定法《にふじょう》」は、比丘にだけ禁じられたもので、屏処《へいしょ》不定と露処《ろしょ》不定をさします。前者は仕切られた空間で女性と会うことで、後者は開放的な空間で女性と淫らな話をすることです。

このように、具足戒では、手淫を含むあらゆる性的な行為が禁じられ、そこに至る可能性を生む異性との接触もまた戒められています。

こうした具足戒が厳格に守られていたのなら叡尊はこの世に生を享けることはなく、戒律の復興運動もさほど盛り上がりを見せなかったかもしれません。叡尊自身は述べていませんが、自らの生まれが、彼を戒律の復興に向かわせたことに関連するのかもしれません。

具足戒を法的に定めた「僧尼令」

日本では、こうした具足戒を背景に「僧尼令《そうにりょう》」が定められます。これは、養老2（718）年に制定された「養老律令」に含まれるものです。

僧尼令では僧侶が占いをしたり、飲酒をしたり音楽を作ったりすることが禁じられ、それぞれの事柄を破ったときの罰が示されています。そのなかには僧侶が僧坊に女性を泊めたり、僧尼がやはり自房に男性を泊めること、あるいは僧侶と僧尼がお互いの寺に出入りすることが禁じられています。ただし、淫行そのものを禁じる項目は含まれていません。具足戒があるために、そこで戒められたことを改めて僧尼令でも禁じる必要はないと判断されたのかどうか、そのあたりのことはわかりません。

しかし、もしそこに淫行に対する戒めを緩和する意図があったとしたら、それはたしかに女犯の流行に影響した可能性があります。

この女犯について詳しく述べているのが、『日本仏教史』の著者でもある石田瑞麿です。石田には、『女犯——聖の性』（筑摩書房、のちにちくま学芸文庫）という著作があります。これは、女犯の問題を専門的な観点から扱った唯一の書物です。

石田はそのなかで、日本における出家のあり方について僧尼令などについて述べた後、古代、中世、近世と、それぞれの時代における女犯について具体例とともに記しています。そのため「女犯の日本史」ないしは「女犯の日本宗教史」とも呼ぶべきものになっています。

石田は古代における女犯について説明する際、まず『日本霊異記《りょういき》』に出てくる話についてふれています。『日本霊異記』は平安時代初期の仏教説話集で、著者は薬師寺の僧侶だった景戒《けいかい》（生没年未詳）です。

最初の例として紹介しているのが称徳《しょうとく》天皇と道鏡についてです。当時の人々は「法師等を裙著《もはき》とな侮《あなつ》りそ。之《そ》が中に要帯《こしおび》、薦槌《こもづち》懸《さが》レルゾ。弥発《いやた》つ時々、畏《かし》き卿《きみ》や。又咏《うた》ひて言はく、我が黒みそひ股に宿《ね》給へ、人と成るまで」と囃し立てたといいます。裙著とは女が腰にまとう衣で、薦槌は男根の喩えです。弥発つも勃起の意味で、黒みそひは黒味を帯びた睾丸のこと。要するに景戒は、二人が枕を交わしたと述べているわけです。それは天平《てんぴょう》神護《じんご》2（766）年のこととされます。

称徳天皇は道鏡を寵愛し、自らには跡継ぎがいなかったこともあり、道鏡を天皇の位につけようと画策したとされています。ところが、勅使として宇佐八幡宮に送られた和気清麻呂が、〝道鏡を帝位につかせてはならない〟という託宣を八幡神から下されたと、正規の歴史書である『続日本紀』には記されています。

ただ、この出来事については江戸時代から疑いの目が向けられてきました。そもそも出家した僧侶である道鏡が帝位についても、本来なら後継者はできません。その点で、それははなから無謀な試みです。

それに、二人が枕を交わしたという天平神護2年の時点で、道鏡は生年が不明なものの、すでに60代半ばであったと考えられます。称徳天皇は養老2（718）年の生まれなので48歳でした。しかも、その4年後の神護景雲《じんごけいうん》4（770）年に亡くなっています。もちろん、老いらくの恋だった可能性も十分あり得ますが、二人の年齢を考えると天平神護2年にそうした出来事があったとは、にわかには信じられません。

景戒は、道鏡が淫乱な僧侶であったことを強調していますが、実は彼自身に後ろめたさがありました。景戒も出家した僧侶ですが、自らのことについて「俗家に居て、妻子を蓄へ」と述べ、妻帯していたことを認めています。景戒は自分は決して例外ではないと言いたかったのか、『日本霊異記』でも妻子を養っていた高僧についてふれています。

戒律によって禁欲することの困難さ

『今昔物語集』は平安時代末期に成立した説話集であり、その存在はよく知られています。ただし、芥川龍之介が小説「鼻」「羅生門」にしているような話は、最後におさめられた「本朝世俗部」にあるもので、それ以前の部分では天竺と呼ばれるインドにおける仏教の誕生からはじまって、それが震旦である中国に伝わり、本朝である日本で流布されるようになるまでのことが語られています。『今昔物語集』の根本は三国仏教史なのです。

その『今昔物語集』の本朝世俗部にある話として石田が紹介しているのが、浄蔵《じょうぞう》（891―964）という僧侶についてのものです。

浄蔵は加持祈禱によって霊験を得る力があると見なされていた僧侶で、近江守の美しい娘の病を癒やすよう依頼されたのですが、病をおさめたところ、彼女の両親からしばらく逗留して祈りを続けてほしいと言われます。

やがて浄蔵は娘に対して欲望を抱くようになり、娘のほうもそれに応じ、二人は結ばれます。そのことが世間の噂になると浄蔵はその家に寄りつかなくなり、鞍馬山で修行に打ちこみます。しかし娘のことが忘れがたく、その家に行くと娘も浄蔵を呼び入れ、二人はふたたび関係を持つことになりました。

石田は、こうした女犯の実例を次々とあげていきます。ここではこれ以上、紹介する必要もないでしょうが、一方で石田は、破戒が横行することを憂えて戒律復興の動きが起ったことにもふれています。そのなかで叡尊についても記していますが、僧侶の子であることには言及していません。石田はさらに「貞永式目《じょうえい》」などの武家法においても僧侶が妻を持ち、女性と関係することが戒められていることに言及しています。

女犯が横行し戒律の復興が叫ばれたものの、戒律に従って禁欲することはかなり難しかったのです。

出家よりも在家の信仰を重んじる日本仏教

日本の仏教界で戒律の重要性が強く認識されたのは、奈良時代においてです。日本には6世紀の半ば頃に朝鮮半島から仏教が伝えられ、当初の段階では土着の神道とどちらを受け入れるべきかで論争や対立が生まれたとされますが、次第に仏教は日本社会に浸透していきました。

注目されるのは、これは『今昔物語集』でもそうなのですが、日本仏教の歴史における始祖が聖徳太子（574―622）とされていることです。出家した僧侶ではなく、生涯出家することのなかった俗人の聖徳太子がなぜフィーチャーされたのでしょうか。

仏教の開祖である釈迦は王族に生まれ、苦の問題に悩むことで出家し、修行の日々を送りました。聖徳太子は用明天皇の子であり、皇族として生を享け、そのまま亡くなりました。高貴な生まれであるという点で釈迦と聖徳太子は共通するものの、出家ということでは根本的に違います。仏教が開祖にならい出家を原則とするのであれば、俗人の聖徳太子が日本仏教のはじまりに位置づけられるのは奇妙なことです。

そこには、日本仏教が本質的に、出家よりも在家の信仰を重んじる「在家仏教」の傾向を持っているからだと考えられます。このことは、女犯をどうとらえるかということにもかかわってきます。それについては、親鸞のことを述べる際にあらためて取り上げたいと思います。

日本仏教が在家仏教の傾向を持つとはいえ、次第に出家する僧侶も増えていきました。仏教の寺院に住し、それを守るのは僧侶だからです。

ところが、そのことに関連して重大な問題が生まれることとなりました。あるいは、問題があることがはじめて認識されたとも言えます。

鑑真の渡海と最澄の野望

正式な僧侶と認めるためには、授戒《じゅかい》（仏門に入る者に師僧が戒律を授けること）が不可欠です。ところが、奈良時代の日本には、正式に戒律を授けることができる「戒師」が存在しませんでした。そこで聖武天皇（701―756）は、中国で正式な戒師を探しその人物を日本に招くために、栄叡《ようえい》と普照《ふしょう》という二人の僧侶を唐に派遣しました。

それまで日本の僧侶は、「自誓受戒」を行っていました。これは、自分で戒律を守ると誓うものです。自分で誓うのだから、はたして正しい戒律を守っているかどうかはわかりません。聖武天皇はそれを正そうとしたわけで、栄叡と普照は、戒師にふさわしい人物を中国で探すなかで鑑真（688―763）に行き着きます。鑑真は戒律について深く学んでおり、弟子たちとともに日本に行こうと決意しました。ところが、渡海に5回失敗したことはよく知られています。

鑑真は6度目にしてようやく日本渡海に成功します。鑑真には14人の僧侶が同行していましたから、これによって十師《じっし》による授戒が可能になりました。東大寺などに戒壇が設けられ、正式な僧侶を生むことができるようになったのです。

ただし、こうしたやり方は中国で生まれたものであり、仏教発祥の地インドにはなかったものです。インドにおける出家は、世俗の生活から完全に離脱するものであり、誰かに許可を得て行うものではありませんでした。

ところが中国の影響を受けて、日本では仏教が国家によって支えられるものに変容し、大規模な寺院は国が建立する官寺となりました。したがって、そこで仏教の教えを研鑽し、儀礼を行う僧侶も官吏としての性格を持つようになります。だからこそ、授戒のような制度が確立されたのです。そして、東大寺などの戒壇で具足戒を授けられないまま出家した者は「私度僧《しどそう》」とされ、低い地位に甘んじなければなりませんでした。

聖徳太子が日本仏教のはじまりに位置づけられているように、日本では在家仏教の傾向が強いわけですが、在家は出家に比べて課せられる戒律が多くありません。五戒（在家の信者が守るべき、不殺生《ふせっしょう》・不偸盗《ふちゅうとう》・不邪淫《ふじゃいん》・不妄語《ふもうご》・不飲酒《ふおんじゅ》の五つの戒め）が基本で、それは、出家の具足戒よりはるかに緩いものです。

そうした実態を踏まえ、具足戒を否定したのが、平安時代の最澄（766―822）でした。最澄は日本で天台宗を開くことになり、遣唐使船で唐に渡り、本場で天台教学を学びます。

実は、最澄が天台教学に目覚めたことには、鑑真が関係していました。鑑真は唐にいたとき、戒律について究める一方で、天台教学についても研鑽を重ねていました。したがって鑑真は、日本にはじめて天台宗関係の書籍を持ちこんだのです。そうした書籍に目を通すことで、天台教学の重要性に気づいた最澄には、野望がありました。
それは、奈良仏教からの独立です。

体制に刃向かった最澄

東大寺に戒壇が建てられたことに伴い、正式に僧侶になろうとする人間はそこで受戒しなければならなくなりました。それは、やがて南都六宗《なんとろくしゅう》と呼ばれるようになる奈良の仏教が、僧侶を認める権限を独占し、仏教界に君臨することを意味しました。最澄は、そうした体制を突き崩そうとしたのです。

具体的には、彼が開いた比叡山に大乗戒壇を建立することを計画します。大乗戒壇で授けられるのは、出家だけではなく在家にも通じる大乗戒であり、それは具足戒と比べればはるかに軽いものでした。そこには、天台宗で重視される『法華経』の教えがかかわっています。法華経では誰もが仏になることができると説かれており、数々の戒律を遵守することは求められないからです。

最澄の大乗戒壇建立の計画は、奈良の仏教界から強い反発を受けました。既得権益を脅かすことになるからです。したがって、最澄が生きているあいだは、大乗戒壇は許されませんでした。朝廷がそれを許すのは、最澄の死の直後（822年6月）でした。

最澄は、大乗戒壇建立の計画が奈良の仏教界から強い反発を受けることを覚悟していたものと思われます。彼は『山家学生式《さんげがくしょうしき》』を著し、比叡山の僧侶となる人間に対しては12年間にわたって山を下りず、修行に専念する「十二年籠山行《ろうざんぎょう》」を課しました。これで、大乗戒という軽い戒律しか授けられない天台宗の僧侶の「品質保証」をしようとしたのです。その後の比叡山では、さまざまな修行が実践されるようになりますが、そこに『山家学生式』の影響を見ることができます。

戒を授かり、正式な僧侶となるということは、邪淫を慎み、女犯に至らないということを意味します。戒律は、もともと戒と律とに分かれます。戒は自発的な戒めで、律は教団の規則とされます。したがって律を破れば罰が下されるものの、戒を破っても罰は下されないはずです。ただし、日本の僧侶は国家の管理下にあったため、女犯には厳しい罰が下されました。

ところが中世の時代になると、叡尊の父がそうであったように、僧が女犯したり実子に寺を相続させるようなケースが相次ぎました。これは朝廷での話ですが、出家した法皇が子どもを儲けるようなこともありました。

これに対して権力者の側は、近世になると女犯の僧侶に対して厳しく処罰するようになります。豊臣秀吉は文禄3（1594）年に僧侶の女犯肉食《にくじき》を禁止し、破戒僧を追放するよう、各寺に法令を出しています。こうした方針は、江戸幕府にも受け継がれています（大澤絢子「浄土真宗の『妻帯の宗風』はいかに確立したか――江戸期における僧侶の妻帯に対する厳罰化と親鸞伝の言説をめぐって」『日本研究』第49巻、2014年）。

幕府の政策に対応する形で、江戸時代には各宗派において戒律復興の運動が盛んになります。その具体的な動きについては、石田瑞麿が『日本仏教史』で7頁を費やして詳述しています。

その一方で、浄土真宗の場合には宗祖である親鸞が妻帯し、その後もそうした伝統が受け継がれていくことになりますが、その点については第7章で詳しく述べていくことにします。

明治に妻帯が許された理由

僧侶の女犯の問題は、明治に時代が変わると根本的に転換していきます。明治5（1872）年4月25日に太政官布告第133号が出されますが、それは「自今僧侶肉食妻帯蓄髪等可為勝手事」というものでした。さらに「但法用ノ外ハ人民一般ノ服ヲ着用不苦候事」ともありました。

肉食は、五戒にもある不殺生戒に関係します。この戒を守るならば、動物の肉を食べることは戒められます。しかし明治政府は僧侶にそれを許し、さらには妻帯することも、髪を蓄えることも許しました。僧服に関しても、普段はそれを身につけなくてもいいとしたのです。

僧侶は、出家する際に剃髪します。それで、世俗の世界と距離をおくことになるわけで、逆に髪を蓄えれば、俗人との区別がなくなります。普段僧服を身につけないのであれば、その傾向はさらに強くなります。

この太政官布告が出された背景の一つに、曹洞宗の僧侶であった鴻雪爪《おおとりせっそう》が慶応4（1868）年、僧侶の肉食妻帯公認を求める建白書を維新政府に提出していたことなどがあげられます。鴻自身はその後、明治4（1871）年に還俗《げんぞく》しています。

ところが、突如として僧侶のあり方を根底から覆すような法令が出たことで、それに反発する動きも生まれました。たとえば曹洞宗の宗制においては、第3号「寺法条規」の第9条に「寺院中ニ女人《にょにん》ヲ寄宿セシム可《べか》ラス」「宗規ハ依然僧侶ノ妻帯ヲ禁止ス」とありました。政府が妻帯を許しても、宗派としては許さないというわけです（池田英俊「近代仏教の形成と『肉食妻帯論』をめぐる問題」『印度學佛教學研究』第37巻第2号、1989年）。

また、僧侶が妻帯することに対して、それを好ましくないものとする風潮は明治から大正にかけて一般社会にも広がっていました。日蓮宗現代宗教研究所研究員の坂輪宣政は「明治初期の肉食妻帯について」という論文のなかで、その例として「樋口一葉の『たけくらべ』などでは、父親が真宗の僧侶であるのに、しじゅうウナギを買いにいくのが、非常に恥ずかしいというようなことを述べてあったり、夏目漱石の『こころ』などにも、僧侶が付け文をして、いづらくなるとかそういうことが述べられ」ていることをあげています（『現代宗教研究』第41巻、日蓮宗現代宗教研究所編、２００７年）。

現在でも、そうした風潮がまったくなくなったわけではありません。それでも、僧侶の妻帯はしだいに進み、現在では当たり前のことになっています。逆に言えば、カトリック教会とは異なり、日本の仏教界で聖職者の性的虐待の問題がさほど生じないのは、近代に入る時点で早々と妻帯が許されたことが影響しているものと考えられます。

中世カトリック教会にもあった妻帯問題

中世のカトリック教会においても、聖職者の妻帯をめぐって、日本と同じようなことが起こっていました。日本仏教の女犯に相当するのが、カトリック教会の「ニコライズム」です。

このことばは「ヨハネの黙示録」に由来します。その2章6節に「あなたはニコライ宗の人々のわざを憎んでおり、わたしもそれを憎んでいる」とあります。現代の日本では、ニコライ宗は正教会の別名とされており、それは御茶ノ水のニコライ堂に名前が残る宣教師ニコライに由来します。ただし、黙示録で言われているニコライ宗は当然のこと、このニコライとは無関係です。

黙示録ではこのニコライ宗について、これ以上何の説明もされていないのですが、そこから「ニコライズム」ということばが生まれ、それは聖職者の妻帯を意味することになりました。松本宣郎編『キリスト教の歴史1』（山川出版社）巻末の用語解説では、ニコライズムについて「エフェソス教会およびペルガモン教会に入り込んだ異端ニコラオスとその追従者たちを指すが、この者たちが性的不品行と偶像に捧げた肉を食べる行為を提唱したとされることから、11世紀以降、妻帯した司教を司教独身制支持者が非難するときに用いた」と説明されています。

中世のキリスト教会において、このニコライズムと並んで、というより、それ以上に大きな問題になったのが「シモニア」でした。シモニアとは聖職売買のことで、聖職者の地位を金銭によって売買することをさします。『新約聖書』の「使徒行伝」には、シモンという魔術師が聖霊を授ける能力をイエスの弟子ペテロから買おうとする話が出てきます。11世紀の半ばになると、ニコライズムやシモニアといった慣習を問題視するような修道士が出てきます。レオ9世（在位１０４９—54年）やグレゴリウス7世（同１０７３—85年）は修道会出身の教皇であり、こうした教皇を中心に、そうした慣習を是正する動きが生まれます。

実は、ニコライズムとシモニアとは密接に関連しています。というのも、聖職者が結婚していた場合、その子どもや親族に相続権が生まれ、公共物であるはずの教会やその財産が私的所有物になってしまうからです。

シモニアの場合、皇帝や王、あるいは貴族が自分の領地にある教区をコントロールするため、自分たちに都合のいい人間に司教職を売買しました。そうなると王権のほうが教会よりも上位に位置することになり、教会側はその権利を自分たちの手に取り戻そうとします。そこに世俗権力と教会権力のあいだの対立が生まれ、それは「叙任権闘争」と呼ばれました（千葉俊一「西欧中世における宗教性の醸成と芸術——宗教芸術論試論（二）」『東京大学宗教学年報』第35巻、２０１８年）。

独身制堅持の困難さ

叙任権闘争については、オーギュスタン・フリシュの『叙任権闘争』（野口洋二訳、ちくま学芸文庫）に詳しいのですが、そこではニコライズムについてもふれられています。

フリシュによると、ニコライズムということばの起源はわからないが、2世紀に活動した聖イレネウスが、ニコラウスを首謀者とする異端をその名ですでに呼んでいたといい、10~11世紀には、ニコライズムが姦淫と同義で使われたとしています。そして「一〇二三年に、パヴィアで開かれた公会議の際に、ベネディクトゥス八世はこの掟(聖職者独身制)が守られていないことを認め、妻や妾を傍においている聖職者があまりにも多いと嘆いている」と述べています。その時代には、妻よりも妾のほうが多かったようです。

フリシュはそうした事例を次々とあげていきますが、なかには、自分たちの立場を合法化するために「結婚を良薬だと推賞」する聖職者もいました。「聖職者は恥ずべき放蕩に陥るよりも、一人の伴侶と結ばれて彼女に貞節をつくした方がよい」というわけです。その背景には、第2章でふれたパウロの教えがあります。

フリシュはまた、11世紀前半には聖職者の完全な道徳的低下が起こっており、そのなかで貪欲と放縦が結びつき、「司教や司祭たちは、神への奉仕に身を捧げないで、居酒屋やいかがわしい場所にかよっていたのである」と述べています。

こうしたあり方に歯止めがかけられたのは、1059年にローマで開かれた教会会議においてでした。この会議では教皇を選出する方法について改革がなされる一方、聖職者の規律の粛正が行われました。それまで、教皇も世俗の権力者であるローマの貴族の意向にそう形で選出されていましたが、この会議を主導した教皇のニコラウス2世は枢機卿会議で教皇を選出するという、今日でも行われている方法へと改革を進めました。これはシモニアの改革であると言えます。
聖職者の粛正について、ローマでの教会会議ではその独身制について重大な決議がなされていますが、それは次のようなものでした（尾崎秀夫「グレゴリウス改革における聖職者『独身』制の革新性」『神戸海星女子学院大学研究紀要』第46巻、２００８年）。

誰も、疑いなく妾を囲ったり女性を引き入れていると知っている司祭のミサに出るべからず。それ故、聖なる教会会議は以下のことを破門をもって定める。司祭、助祭、副助祭で、良き記憶の教皇レオの聖職者の独身についての定めの後、妾を公然と囲った者、囲っている妾と別れない者に、全能の神によって、使徒聖ペトロと聖パウロの権威をもって次のように宣言し、命じる。そのような聖職者は、神の承認を得て我々によってこのようなことについての判決が下されるまで、ミサを挙げず、福音書や書簡を読まず、先の定めに従っている者とともに司祭職において聖務を行わず、教会から職務を受けるべからず。

これによって示されたのは、一つには、聖職者が妻と同居することが禁じられたことです。それまで、聖職者として叙品《じょほん》される前に結婚していた場合には、夫婦の同居が許されていました。

もう一つは、信者に対して、不貞聖職者のミサをボイコットするよう呼びかけていることです。4世紀のガングラ教会会議では、妻帯した聖職者のミサを拒否することが禁じられていました。

ただし、このローマでの教会会議での決議に対しては大きな反対の声もあがっていますから、聖職者の妻帯がいかに広がっていたかがわかります。それでもこうした方針は、ニコラウス2世以降の教皇にも受け継がれていきました。

日本の僧侶の場合には、明治以降、政府によって妻帯が解禁されたことで、それまで表向きは禁じられていた妻帯が広がっていくことになりました。

それに対して、キリスト教のカトリック教会の場合には、今でも聖職者の妻帯は認められていません。そのため、神父のなかには、結婚のために還俗するような人間も絶えず生み出されています。最近もそうした出来事が起こりました。

2021年4月11日、イタリア中部ウンブリア州ペルージャ県にあるサンフェリーチェ教会で、ミサを主宰したリカルド・チェッコベリ司祭が信徒たちに向かって「私は恋に落ちている」と告白し、「これを抑えつけたり追い払ったりすることなく、私はこの恋に生きようと思う」と語りました。その後、司祭は還俗の手続きを開始したというのです（「恋に落ちた司祭、ミサで告白し還俗　イタリア」ＡＦＰＢＢ Ｎｅｗｓ、２０２１年4月14日）。

日本の僧侶なら、聖職者でも妻帯が可能です。しかし、カトリック教会では、妻帯の道を選べば、教会を去るしかありません。独身制を守り続けることは容易なことではないのです。

第４章　戒律を守るべき根拠は何か

——邪淫が戒められる理由

なぜ戒律を守る必要があるのか

ここまで、性と宗教をめぐってさまざまに述べてきましたが、対象となる宗教の中心は、キリスト教と仏教でした。

それは、まずなにより、この二つの宗教が私たち日本人にとってもっとも身近なものだからです。しかし、理由はそれだけではありません。もっと重要なことがあるのです。キリスト教と仏教に共通しているのは、聖職者の妻帯が禁じられてきたことです。キリスト教においては、カトリック教会と正教会で聖職者に独身が求められてきました。カトリック教会では近年、聖職者による性的虐待の問題が起こり、バチカンはその問題で社会的に追及されていますが、独身制を崩そうとはしていません。

正教会では、カトリック教会とは異なり、聖職者は独身を守る者と、結婚して俗人としての生活を送る者の二つに分けられます。前者は「主教」と呼ばれ、後者は「司祭・輔祭」と呼ばれます。プロテスタントの場合には、そのあり方がカトリックに近いイギリス聖公会を含め、聖職者に独身は求められません。牧師は皆、俗人として活動しています。

仏教の場合には、聖職者である僧侶は出家の身であり、独身であることが求められてきました。そうした伝統は、ほとんどの仏教国では今でも守られています。ところが日本では、前の章で見たように、明治になって法的に僧侶の妻帯が許され、その風習が広がりました。しかし、僧侶を出家としてとらえる伝統は今でもあり、独身を生涯守り通す僧侶は「清僧」と呼ばれ、尊敬されています。

キリスト教と仏教以外の宗教を見渡したとき、聖職者が独身を守っているのは、他にはインドのジャイナ教くらいしか例がありません。ジャイナ教についてはこの章の後半でふれることにします。イスラム教はキリスト教に次ぐ世界第2の宗教で、先行するキリスト教の影響も受けているものの、独身の聖職者というものはまったく存在していません。預言者ムハンマドも俗人として生涯をまっとうしました。

キリスト教は世界第1の宗教であり、仏教もかなりの勢力を誇っています。しかし、両者をあわせて26億人くらいと推定され、世界の総人口の3分の1を占める程度です。つまり、世界の3分の2は、独身制を持たない宗教の信者か、無宗教の人間だということになります。

キリスト教はユダヤ教の改革運動としてはじまり、一神教である点でユダヤ教や後継のイスラム教と共通しています。基本的に、この三つの一神教で信仰されているのは同一の神です。したがってモーセの十戒にある姦淫の戒めは、三つの宗教に共通するもので、ユダヤ教やイスラム教の聖職者に独身が課せられても不思議ではありません。

ところが、第2章で述べたキリスト教に特徴的な原罪の教義は、ユダヤ教やイスラム教には存在しないのです。人間を罪深い存在としてとらえないのであれば、聖職者に独身が求められることはありません。

原始仏典『スッタニパータ』に示されていること

そもそも、なぜ戒律は守らなければならないのでしょうか。一神教の伝統では、それは神が命じたことだからということになります。神は絶対的な権威であり、人間は神が命じたことに従わなければなりません。神を信仰するということは、神の啓示や戒めに従うということです。

では、仏教の場合、戒律の根拠はどこに求められるのでしょうか。この章では、それを中心に考えてみたいと思います。

釈迦の直接の教えを含んでいる可能性があるとされる原始仏典の『スッタニパータ』に、仏教のもっとも基本的な戒律である五戒が示されていることについては、「はじめに」でふれました。そこでは、五戒のうち不邪淫戒だけ取り上げましたが、前の章でふれた他の四つの戒についても『スッタニパータ』に含まれています。

ただ、そこに記されたものを見てみると、一つ気づくことがあります。それは、なぜそれぞれの戒を守らなければならないのか、その理由が示されていないことです。理由が示されないまま、〝こういうことはしてはならない〟と戒められているのです。

一つ例外があるとすれば、それは不飲酒戒についてです。それについては、次のように記されています。

三九八　また飲酒を行ってはならぬ。この（不飲酒の）教えを喜ぶ在家者は、他人をして飲ませてもならぬ。他人が酒を飲むのを容認してもならぬ。――これは終《つい》に人を狂酔せしめるものであると知って――。

狂酔とはひどく酒に酔うことであり、酒に酔って乱れることを意味します。そうしたことがあるから酒を飲んではならないし、他人が飲むことも許してはならないというのです。

しかし、理由らしきものが示されているのは、この不飲酒戒に限られます。殺してはならないという不殺生戒の場合にも、格別理由は説明されていません。

仮に『スッタニパータ』に記されていることが実際の釈迦の教えだとしたら、次のように考えることはできるでしょう。

釈迦は悟りを開いた人物です。その悟りは究極のものとされ、『スッタニパータ』を含め仏典には、その究極の悟りにもとづく教えが記されているはずです。だからこそ仏教の信者は、そこに示されている戒律を守らなければなりません。戒律の根拠は釈迦の悟りに求められます。神が啓示したからではなく、悟りを開いて仏となった釈迦が命じたことだから、戒律を守らなければならないというわけです。

しかし、五戒について、それを最初に唱えたのは釈迦ではありませんでした。

ヴェジタリアンとヴィーガンの起源

インド学の加藤隆宏は「古代インドにおける殺生（シンポジウム「殺生」提題）」（『国士舘哲学』第19巻、２０１５年）において、五戒の筆頭にあげられる「不殺生は古代インド社会において、最も重要な倫理規定の一つと考えられていた」と述べ、それが、ヴェーダ聖典や初期仏典をはじめ、古代インドにおいて権威あると見なされていた聖典のなかでくり返し述べられていることを指摘しています。ヴェーダは釈迦が生まれる以前に作られたもので、バラモン教の聖典です。つまり、五戒のなかの不殺生戒については、インドの宗教思想の伝統に属しているのです。

現在のインドでは、肉を食べない「菜食主義《ヴェジタリアニズム》」がかなりの広がりを見せています。インド人全体のおよそ40パーセントが菜食主義であるとされ、州によっては70パーセントを超えるようなところもあります。

菜食主義のなかには、卵や乳製品などの動物性食品をすべて避ける「完全菜食主義《ヴィーガニズム》」も含まれます。今、ヴィーガンは世界的に注目されています。

最近、世界的にヴェジタリアンやヴィーガンが増えていますが、インドはその先駆者と言えます。そして、インドの菜食主義の背景には、不殺生戒がかかわっています。

ヴェーダ聖典のヴェーダとは、サンスクリット語で〝知識〟を意味し、聖仙（リシ＝ヴェーダ聖典を感得したという神話・伝説上の聖者あるいは賢者）が神から啓示されたものとされています。ただし、ヴェーダの世界は多神教であり、事情は一神教とは異なります。一神教なら神は一つで、その神の啓示は絶対のものです。しかし、多神教では絶対の権威を持つ神は存在せず、その啓示についても絶対であるとは言えなくなります。

そうした点を踏まえるならば、不殺生戒はインドの伝統的な観念で、それが戒めとされてきたのは究極の存在の啓示だからではなく、古代から受け継がれてきた慣習だからだということになります。

罪となる性行為の中身

バラモン教の一派に、ヨーガの実践によって解脱をめざすヨーガ学派があります。ヨーガ学派においても五戒に相当するものがあり、それは、不殺生、不妄語、不偸盗、梵行《ぼんぎょう》、無所有からなっています。このうち、梵行は不邪淫と重なるもので、仏教の五戒との違いは、不飲酒の代わりに無所有が含まれている点にあります。梵行、不邪淫戒は、インド全般に広がった基本的な戒と考えることができます。

戦前の1929年に発表されたものですが、佐藤謙一「禅戒と五戒――但し殺、淫二戒を選ぶ」という論文があります。これは『禅学研究』（禅学研究会編）の10号と11号に掲載されたものですが、11号に載った後半の部分で、佐藤は不邪淫戒について述べています。

著者の他の論考が見つからないので、どういう人物なのかがわかりませんが、私がこの論文に注目したのは、第1章でふれたスターバックの名前をあげないまま、回心と性の目覚めを結びつける心理学の研究に言及しているからです。

著者はその上で「愛欲が人間苦の根本」であると言い、「律本の示す所に依れば、仏教教団に於ける戒律制定の嚆矢《こうし》をなすものはこの婬戒である」と述べています。要するに、五戒は不邪淫戒からはじまるというのです。そして、釈迦の弟子である須提那《すだいな》（Sudinna）について、「弥沙塞部和醯五分律《みしゃそくぶわけい》」（『大正新脩大蔵経』第22巻）に出てくる話を紹介しています。

釈迦がバイシャリ（毘舎離《びしゃり》）にいたとき、その近くの迦蘭陀邑《からんだむら》に住んでいた須提那は両親に頼んでようやく出家を許され、淫欲を断つ梵行を実践していました。ところが出家後間もなく飢饉が訪れ、托鉢で食物を得ることが難しくなりました。そこで、郷里に帰れば容易に食を得られると、仲間の比丘をつれて迦蘭陀邑に戻りました。

実は、須提那には出家前に娶った妻がおり、両親はその妻を連れてきて還俗を勧めたのですが、須提那はその勧めに従いません。妻に月経が訪れると、父母はまた妻を連れてきて還俗を求めましたが、やはり須提那は受け入れませんでした。

そこで両親は、〝跡継ぎができなければ祖先の祠や財物が官に奪われる〟と言い、妻と交わるよう請うたのです。須提那は黙ってそれに従い、妻と3度交わると、跡継ぎとなる男の子を儲けることができました。

しかし、須提那は淫行してしまったため意気消沈し、禁欲の行に身が入らなくなりました。仲間の比丘がその姿を見て怪しみ、理由を聞くと、須提那は郷里での出来事について語りました。そのことを耳にした釈迦は戒文を改め、「もし比丘が淫行を行ったら、波羅夷としてともに住んではならない」としたというのです。波羅夷については、前の章でふれました。出家者が犯してはならない重罪のことです。

その後、なんと猿と交わった比丘が現れました。すると戒文はさらに改められ、淫行を

「畜生となすとも」の文句が加えられました。さらに、殺生や盗み、飲酒や肉食をする比丘が次々と現れたため、戒文は最終的に「いずれの比丘といえども、比丘たちの学と規律とを具え、学を捨てず、（また学を守る）力弱きことを明言しないまま、不浄行ずるならば、たとえ畜生となすといえども、この比丘は波羅夷にして、共住すべからざるものである」と改められました（この訳文は、李慈郎「律と仏教社会」『新アジア仏教史03　インドⅢ　仏典からみた仏教世界』全15巻、奈良康明・下田正弘編、佼成出版社によります）。

こうしたことが、前の章でふれた具足戒のもとになっていくわけですが、律蔵《りつぞう》には何が淫行にあたるのか、それが詳しく説明されています。

「パーリ律」の煩瑣で詳細な淫行

仏典の分類として「三蔵」があります。三蔵には、経蔵《きょうぞう》、律蔵、論蔵《ろんぞう》が含まれます。経蔵は釈迦の説法を集めたもので、律蔵は戒律を集めたもの、論蔵は仏典の注釈を意味します。

律蔵にはいくつかの種類があり、パーリ語（古代インドの言語）で記された南伝仏教のパーリ仏典にあたるものが「パーリ律」です。一方、北伝仏教のものとしては次のものがありますが、部とは部派仏教の各部派のことをさします。

「四分律」　法蔵部
「五分律」　化地部《けじ》
「摩訶僧祇律《まかそうぎりつ》」　摩訶僧祇部
「十誦律《じゅうじゅりつ》」　説一切有部《せついっさいうぶ》
「根本説一切有部律」　根本説一切有部

鑑真が日本に伝えたのは「四分律」ですが、それは中国仏教で広く採用されていたからです。チベット仏教では「根本説一切有部律」が受け継がれました。

「パーリ律」では淫行の対象として、「三種の女」（人女、非人女、畜生女）、「三種の二根」（人二根、非人二根、畜生二根）、「三種の黄門」（人黄門、非人黄門、畜生黄門）、「三種の男」（人男、非人男、畜生男）があげられています（前掲の佐藤論文による）。

非人とはインドのカースト制度における不可蝕民のことで、畜生は動物です。二根の根は男性器と女性器のことで両性具有を意味し、黄門は生まれつき男性の生殖器が不完全な者、あるいは去勢した者のことをさします。

また、淫行の対象となるからだの部位も詳しく規定しています。対象が女か両性具有の場合には肛門（大便道）、膣（小便道）、口の三種であれば波羅夷罪になります。黄門と男の場合には肛門と口の二種だけで、それ以外の部位において淫行したときには偸蘭遮罪《ちゅうらんじゃ》や突吉羅罪《とききら》といったより軽い罪になります。また、快感を感じるか否か（「覚楽不覚楽」）も罪に影響し、たとえ強制されたものであっても快感を得たならば波羅夷罪となり、快感を得ないならば波羅夷罪にはなりません。

「四分律」においても同様の規定がなされていますが、そこでは地面にある穴やレンガの穴、瓶などの口で淫行すれば、偸蘭遮罪になるとされています。

また「五分律」には、淫行の対象がどういうものであるかによって罪が変わるとしている箇所があります。対象が眠っているとき、酔っているとき、狂気に陥っているとき、病にあるとき、さらには死体になっているときに淫行すれば波羅夷罪になります。しかしながら、死体でも半分以上が食われているか骨が残されたとき、精液が出ているなら僧伽婆尸沙《そうぎゃばししゃ》になり、出ていなければ偸羅遮罪になります（佐藤の論文と、花園大学に提出された博士論文、李薇「律蔵における四波羅夷法経分別の研究」による）。

規定は実に煩瑣《はんさ》ですが、佐藤は「要するに若し比丘婬欲の心を発し、己が男根を以て上述の対象諸所の中何れか一所に入れるならば総て波羅夷となるのである」と、あっさりとまとめています。

こうした律も釈迦の説法であり、その点で一般の仏典と変わりませんが、総じて仏典というものはたとえそれが上座部のものであろうと、大乗仏典のものであろうと、現代の読者には戸惑うところが少なくありません。

くり返しが多く、また同じような表現が対象を変えて何度も出てくることもそうですが、今見たように、何かを規定するというときその仕方はあまりに詳細で、いったいそこまで考える必要があるのかと思わせるものが少なくありません。たとえば死体と半分食われた死体とでいったい何が異なるのか。それを区別する必要があるのでしょうか。あまりに煩瑣です。

とはいえ、何より淫行が出家者の修行を妨げる第一の要因であるとするなら、何が淫行なのかを具体的に明示する必要がありました。邪淫をいかに防ぐか、そこに腐心し、なんとか許される行為を探したとも言えるのです。

しかしこれが大乗仏教になると、淫戒の位置づけも変わってきます。大乗では利他行が重視され、自己を捨てて他者を救済することが菩薩の使命とされています。そのため、他人を害する、あるいは悩ます行為のほうが戒めの対象として上位におかれるようになります。淫行は最重要視されなくなり、不殺生戒が第1位となり、次に不偸盗戒が重視されました。淫行は第3位に格下げされたのです。

ただし、こうした戒律は出家した僧侶に適用されるものであり、在家には適用されません。在家の場合、妻と交わることは邪淫とはならず、妻以外を対象とすると邪淫になります。

在家のことは優婆塞《うばそく》と呼ばれますが、曇無讖《どんむせん》（385—433）によって漢訳され、日本にも伝えられた『優婆塞戒経』によると、自らの妻との関係でも、妻が非時《ひじ》にあるとき、つまり妊娠中や授乳していたり、斎戒《さいかい》しているときには邪淫とされるとあります。また、行為に及ぶ場所が道端や塔廟の近く、あるいは人前であったりすれば、それもまた邪淫になるとされています。

ジャイナ教と輪廻の思想

邪淫が戒められる理由について、興味深い事例を提供しているのがジャイナ教です。

ジャイナ教は、仏教と同時代に生まれた宗教です。インド以外の地には伝わらず、仏教ほどの広がりを示さなかったものの、現在でも一定程度の信者がいます。日本でも神戸にジャイナ教の寺院が現存しています。

インドの仏教史をたどろうとするとき、多大な困難を感じざるを得ません。それは、歴史資料の徹底的な不足によるものです。インドから仏教が伝えられた中国には歴史をつづる伝統があり、代表的な歴史書として司馬遷の『史記』があります。司馬遷は紀元前14

5年、ないしは前135年に生を享け、前87年から前86年に亡くなったと考えられていますが、『史記』にはそれよりもはるか時代を遡る孔子や老子の伝記も含まれています。はたして『史記』に書かれていることが歴史的な事実なのか、それとも伝説なのか、判定が難しい部分もありますが、少なくとも歴史書が存在したことに意義があります。『史記』を含めて中国では「二十四史」と呼ばれる古代王朝の歴史書が残されています。

このように中国の人々は歴史に関心を示したのですが、インドの人々にはそうした関心が欠如していました。そこには、インドの宗教の基本的な考え方である「輪廻」が影響していました。

輪廻とは、この世に現れたあらゆる存在は、生まれ変わりをくり返していくという考え方です。私たちは今は人間に生まれていますが、亡くなった後には、他の存在に生まれ変わります。ふたたび人間に生まれ変わることもありますが、動物や虫などに生まれ変わるかもしれません。人間に生まれ変わるにしても、どんな身分に生まれるかはわからないのです。

つまり死後のこと、来世観が重要になるのですが、その際にインドでは二つのことが重視されました。それが「生天《しょうてん》」と「解脱」です。生天は、ヴェーダに規定された祭式をくり返すことで天界に生まれ変わろうとするものです。輪廻に関連して「六道《りくどう》（六界《ろっかい》）」という考え方がありますが、天界はそのうちの最上位にあるもので、人間界の上です。

これに対して解脱は、とくに仏教で説かれたことで、輪廻のくり返しそのものから脱することです。仏教では生老病死の苦が説かれます。生まれることも、老いることも、病に陥ることも、そして死ぬことも苦だというわけです。その苦から脱するには、死んだ後二度と生まれ変わらない解脱が必要だとされたのです（赤松明彦『ヒンドゥー教10講』岩波新書）。

生天をめざすにしても、解脱をめざすにしても、それは現世の価値を否定してのことです。したがって、インドの人々は現世での生に価値をおかず、その分、歴史に関心を持ちませんでした。それが、インドで歴史書が生まれなかった原因になるわけです。そして輪廻の考え方は、淫行ないしは不邪淫戒について考える際にも重要になってきます。それが、ジャイナ教に示されているのです。

仏教とは異なるジャイナ教の五戒

ジャイナ教といえば徹底した苦行を実践する禁欲主義が特徴ですが、その開祖がマハーヴィーラです。仏教では釈迦に先行する形で現れた思想家たちのことを「六師外道《ろくしげどう》」と呼びますが、マハーヴィーラもその一人です。

マハーヴィーラは30歳で出家し、12年間の苦行ののち悟りを開き、その後、遊行を続けて教えを説き、72歳のときに亡くなったとされます。それぞれの年齢は異なるものの、釈迦の生涯とパターンは基本的に同一です。

マハーヴィーラは実在の人物とされますが、同時代の歴史的な史料があるわけではないので、その実在を確かめることは困難です。拙著『ブッダは実在しない』（角川新書）で、釈迦の実在性について疑問を呈しましたが、マハーヴィーラについても同じことが言えます。

ブッダとは、悟りを開いた人間のことを意味します。そうした人間は歴史上数多く現れました。そのなかから釈迦、あるいはマハーヴィーラの生涯についての物語、伝説が作り上げられ、そこで実在すると考えられるようになったのではないでしょうか。その点についてここではこれ以上追究しませんが、釈迦とマハーヴィーラに共通するところが多いことは否定できません。実質的に同じ宗教であり、その後の展開の仕方が異なったとも考えられます。少なくとも、この二つの宗教が相当に似た部分を持っていることは間違いありません。

ジャイナ教にも基本的な戒律として五戒があります。それは不殺生、不妄語、不偸盗、不邪淫、無所有からなります。不飲酒の代わりに無所有が含まれる点では、すでに述べたヨーガ学派と共通しています。

この五戒のうち、ジャイナ教においてもっとも重視されているのは不殺生です。そして不殺生戒は不邪淫戒と結びついています。その点については、インド哲学の堀田和義が「生き物を殺さないための性的禁欲──ジャイナ教在家信者の行動規範を中心に」（『印度學佛教學研究』第63巻第2号、２０１５年）という論文でふれています。

ジャイナ教における出家修行者に対して求められる「大誓戒」と、在家信者に対して求められる「小誓戒」とでは、その中身は同じですが、前者はそれを全面的に守らなければならない一方、後者は部分的に守ればよいとされます。

不邪淫戒について、在家信者には人妻の厭離《おんり》、つまりは人妻を遠ざけることが説かれますが、自分の妻に対しては満足が説かれ、配偶者との性交は認められています。

ところが堀田によれば、たとえ配偶者が相手であっても性交が殺生を伴うことを述べた文献が存在するというのです。

女性器内の細菌の殺生もダメ

実は、ジャイナ教には白衣《びゃくえ》派と裸行《らぎょう》派という二つの派が存在します。それは無所有ということと関係しており、裸行派は僧尼が着衣することは無所有に反するとしています。これに対し、白衣派では僧尼の着衣を認めています。

その白衣派の学僧であるヘーマチャンドラの「ヨーガシャーストラ」には、「女性器に生じる非常に微細な生物の集まりが、［男性により］圧せられて死んでしまう性交を放棄すべきである。血液から生じる微生物は弱・中・強の力を持ち、それに応じて産道に痒み（kaṇḍūti　ムズムズする感じ）を生み出す」とあります。

また、アサダーラの「サーガーラダルマームルタ」にも、「女性に近付く者は欲望と憎悪とを必ず有しており、女性器内の多くの微生物を殺《あや》める。したがって、たとえ自分の妻に近付いても殺生者である」とあります。ここでは、殺意のような心理面が強調されています。こうしたことは裸行派の文献にも見られ、女性器内の微生物についての記述はジャイナ教以外の文献にも見ることができます。

現代の医学的な知見でも、女性器にはさまざまな細菌がいるとされています。そのなかには病気を引き起こすものもありますが、有害な雑菌から守ってくれる細菌も含まれます。その点では、性交が殺生に結びつくとするジャイナ教の考え方は決して間違ってはいません。

ジャイナ教では不殺生が徹底していて、虫や微生物を殺さないようマスクのようなものをしていたり、路上の生き物を殺さないためほうきを持ち歩いたりしています。また、虫を殺すことになるので、農業に従事することもありません。性交が殺生に結びつくという考え方も、そうしたところから生み出されてきたのです。

もちろん、現実には微生物は目に見えないものなので、それを避けることは事実上不可能です。その点では、ジャイナ教の戒律は無意味なものということにもなりますが、不殺生を徹底することが、不邪淫戒の基盤にあるという点は興味深いと言えます。またそれは、邪淫が戒められる根本的な原因ともなっています。ただし仏教では、ここまで不殺生が徹底されることはなく、不邪淫戒を守る理由が説明されることもありませんでした。

しかし、いくら不殺生という思想にもとづいて不邪淫が説かれたとしても、信者がそれをそのまま守るとは限りません。その実例については前の章で見ました。ジャイナ教がさほど規模を拡大できなかったのも、戒律の厳しさが大きな要因になったと推測されます。戒律が厳しければ厳しいほど、それについていけない人間が自ずと生まれることになるからです。

リチャード・ホロウェイは『若い読者のための宗教史』（上杉隼人・片桐恵里訳、すばる舎）で、「ジャイナ教は歴史上もっとも熱い宗教のひとつだが、同時に信者間に温度差があった」と述べています。ジャイナ教の信者のあいだの温度差がいかなるものだったか、それについての情報は乏しいのですが、皆が皆、殺生を恐れて性交を慎むことにはならなかったということでしょう。私が神戸のジャイナ教の寺院を訪れたときにも、雰囲気は開放的で、そこまで厳格な禁欲集団という印象は受けませんでした。

第５章　なぜ悟りの境地がエクスタシーなのか

――房中術と密教に見る性の技法

性行為を称揚する宗教の動き

性に対して、人間のとる態度は矛盾しています。

人間も生物の仲間であり、種を残すことが求められます。性の交わりによって子どもが生まれるわけで、性行為は種の維持という観点で不可欠なことです。

ところが、人間だけが生み出した宗教は、性に対して否定的な側面が強くあります。ここまで見てきたところからも明らかなように、性行為に及ぶということは「邪淫」としてとらえられ、その価値が否定されます。キリスト教や仏教では、聖職者は一切の性行為を慎み、独身であることを求められます。在家信者の場合でも、正規の婚姻の外側で行われる不倫が戒められるだけではありません。できるだけ性行為は慎むべきだということが、キリスト教でも仏教でも共通して説かれているのです。

しかし、それは必ずしも宗教全般の特徴というわけではありません。逆に、性行為を宗教的に価値のあることとしてとらえ、それを称揚する動きもあります。この章では、その点について見ていきたいと思います。

老子が見出していた性行為の価値

性行為に価値を見出す代表的な宗教が中国の道教です。道教は古代中国の老子に発するもので、儒教と並ぶ中国土着の宗教です。ただ、道家と呼ばれることも多く、はたして道教が宗教なのかどうか、それについては議論があります。道家と言ったときには、哲学の性格が強くなります。

老子が生きた時代についても議論があります。紀元前6世紀とするものもあれば、紀元前4世紀とするものもあります。

前の章でふれた司馬遷の『史記』では、老子の簡単な伝記が語られています。それによれば「老子は、楚の苦県厲郷曲仁里《こけんらいきょうきょくじんり》の人なり。姓は李《り》氏、名は耳《じ》、字は聃《たん》と曰い、周の守蔵室の史（小官）なり」（中国古典文学大系11『史記 中』平凡社）とあります。老子は古代中国の王国の一つ、楚の国の人間で、李が姓であり、周の国の書庫の記録官だったというのです。今で言えば、公文書館の館員ということになるでしょう。

『史記』ではこれに続いて、孔子が老子のもとを訪れたときのことが述べられています。孔子が訪れたのは、老子に礼について尋ねるためでした。礼は、生活上の規範のことです。ただし、老子の答えは雲をつかむような謎めいたものでした。その後、周の国が衰えると、老子は国境にある関所にむかい、そこにいた役人に請われて著したのが『道徳経』

という書物であったというのです。『道徳経』は『老子』とも呼ばれます。

この伝記を見る限り、老子が実在の人物なのかどうか、かなり怪しく思えてきます。実際、『列仙伝』という70人の仙人について記した伝記集では、仙人の一人として扱われています。仙人は世俗の世界から離れて山中に住まい、質素な生活を送り、さまざまな術を操ると考えられましたが、半ば伝説上の存在です。

老子を祖とする道教は神秘主義の傾向が強く、道教の教えを実践する目的は仙人となって不老不死を実現することにあります。そうした道教のなかで生み出された養生術の一つが「房中術」と呼ばれるものです。房中術の目的は性行為において節制を保ち、男女の和合を通して気を養うことにありました。中国において気は生命の原動力とされてきました。

この房中術については、世界的な宗教史家であるルーマニア生まれのミルチア・エリアーデが述べています。エリアーデの研究は多岐にわたりますが、ブカレスト大学を卒業後、イタリアやインドに留学し、ヨーガの研究で博士号を取得しました。ヨーガの研究がエリアーデの出発点であり、そこから世界の神秘主義に関心を抱くようになりました。その点で、エリアーデが道教に関心を抱くのは必然的なことであると言えます。

私はエリアーデが晩年に著した『世界宗教史』（全8巻、ちくま学芸文庫）の第3巻を翻訳していますが、そこに収められた第16章「古代中国の宗教」のなかで、房中術についてふれられています。まずはそれを紹介しますが、重要なのは、道教では性に対する禁忌の意識がまったく働いていないことです。

永遠の生命を獲得するための房中術

エリアーデによると房中術はかなり昔の時代に遡るもので、その目的は「生気を増し、長生を保証し、男子の跡継ぎを得ることにあった」としています。そして、1世紀の容成公という人物が開拓した「陰の道」という技法についてふれ、それは「脳の働きを補うために精液を帰す」ことを目的としていたとします。

道教の理想は、「完全な平静《アタラクシア》」を実現することにありますが、道教の修行者、実践者である道士は、性行為に及ぶ際、射精しません。というのも、射精せずに気と混じり合った精液を体内に循環させることで、気の集中する下の丹田から頭の丹田に気を上昇させれば、脳の再活性化が実現できるからです。エリアーデによると、5世紀の文献には「完全な瞑想をとおして……男も女も永遠の生命を獲得する方法を実践できる」とされているというのです。

エリアーデは、容成公がこうした「補い行う」方法を完全に知っていたとしています。その上で『老子と道教』(坂出祥伸・井川義次訳、人文書院)の著者であるマックス・カルテンマルクのことばを紹介しています。カルテンマルクは「彼（容成公）は、神秘的な女性から精髄を引きだしていた。彼の原理によれば、谷に住む生きた霊は死ぬことがない。というのも、それによって生命が維持され、気が養われるからである。白くなった髪は再び黒くなり、抜け落ちてしまった歯が再び生えてくる。彼の方法は老子の方法とほとんど変わらない。彼は老子の師であるとも言われる」と述べています（翻訳は『世界宗教史』第3巻の拙訳）。現代の言い方にすれば、「アンチエイジング」がかなうというわけです。

さらにエリアーデは「神秘的な胎児」にも言及しています。それは、精液を下の丹田の気と混ぜ合わせ、臍の下に作られるものです。この胎児は気のみによって養われ、純粋な肉体に成長すると、道士が死んでいるように見える状態で肉体から離れ、他の仙人の列に加わります。道士は、脳の働きを補うために陰の気を大量に吸収しなければならないので、相手を頻繁に変えます。そこから、集団による「合気」という儀式が生み出されましたが、それは仏教徒から批判されたと言います。

この合気については、アンリ・マスペロが『道教』（川勝義雄訳、平凡社東洋文庫）でふれていて、それが道教教団に人々を引きつける要因になったことを指摘しています。

房中術でもっとも重要なこと

では、具体的に房中術とはいかなる方法によってなされるものなのでしょうか。それについては、必ずしも十分な情報があるわけではありません。

梅川純代は「神仙の証――中国古代房中術にみるセックスと飛翔」（井上章一編『性欲の文化史2』講談社選書メチエ）で、房中術の究極の目的は仙人になる（「得仙」、あるいは「昇仙」と呼ばれる）ことにあるものの、房中書において、それを「可能にする具体的な技法は見当たらない」と述べています。

ただ、長沙の馬王堆漢墓《ばおうたいかんぼ》から出土した最古の房中書の一つである『十問』では、人体の部位のうちで生殖器が最初に衰えるとし、その原因を不節制に求めています。生殖器を保護するには飲食で滋養をつけ、あまり性交をしないことが重要だと言います。もっとも重要なのは射精しないことで、「すなわち衝動があってもみだりに性交せず、性交するにあたっても最高潮の快楽に達しても漏らしてはならない。このようにすれば精液と真の気とは蓄積され、百歳になっても肉体は衰えるどころか強健になるだろう」と言うのです（邱海濤『中国五千年　性の文化史』納村公子訳、集英社）。

そして、射精しない効用を9段階にわけ、1回漏らさなければ「耳聡《さと》く目は明らかになり」、9回漏らさなければ「神明の境地に入る」とされています。梅川は、ここで言われる神明がいかなるものかを追究していますが、最終的にはそれを「霊智を含むカミ的なものと接触する」こと、ないしは「それを可能にする精神状態に至ること」に求めています（前掲）。房中術を実践すれば、究極のエクスタシーが訪れるということでしょうか。

では、どうやって射精しないようにできるのでしょうか。邱は、そのテクニックが「止精回流法」と呼ばれたとし、その方法は「性交中、射精が起こると感じたら、ただちに左手の人指し指と中指で、陰嚢と肛門のあいだのツボを強く押さえ、深呼吸しながら歯ぎしりをする。このとき決して息を止めてはいけない」のだと言います（前掲）。

こうした方法は日本にも伝えられていて、江戸時代の性についての指南書『好色旅枕』では「蟻の門渡り」と呼ばれていました（『週刊ポスト』２０１１年3月7日号）。このことばは一般の辞書にも載っており、会陰を意味しています。

止精回流法を用いれば、精液が逆流して脳に入り、至福の瞬間を味わうことができるとされていますが、邱は、精液が脳へ流れることはないと、それを否定しています。ただ、射精しないのだから、避妊の効果はあったのではないかと述べています。

ヨーガの影響を受けた房中術

エリアーデの研究に話を戻すと、房中術について述べた最後の部分で、こうした道教の性の技法がインドにおける左道タントリズムが開発したヨーガの方法に影響を受けているとします。ヨーガでは、呼吸と射精の双方を止める技法が開拓されているというのです。

ただし、エリアーデは『世界宗教史』第3巻の続く第17章「バラモン教とヒンドゥー教——最初期の哲学と救済の技法」でヨーガについてふれているものの、左道タントリズムについては言及していません。

左道タントリズムは、ヒンドゥー教のシヴァ派の一派で、「性力《シャクティ》」を重視しています。このシャクティについて、前の章でふれた『ヒンドゥー教10講』では、次のように説明されています。

シャクティとは、タントリズムにおいてもっとも重要な概念であり、一切万物の原動力を意味しています。シャクティは女性名詞であり、女性の力としてイメージされ、シヴァ神のパートナーという形で神格化されています。このシャクティへの信仰があったがために、タントリズムには性的なイメージがつきまとうこととなりました。

シヴァ派には、シヴァと魂を別個のものとする二元論を唱える聖典シヴァ派と、シャクティを崇拝するシャークタ派があります。シャークタ派では、シャクティは女神の姿をとって圧倒的な支配力を持ち、男性神であるシヴァの性的なパートナーとして現れました。

そこからシャークタ派は、邪道を意味する左道とされ、右道である聖典シヴァ派と対比されることになったというのです。

たんにシャクティが女神として信仰されるだけでは、性とは直接かかわりません。ところが、シャークタ派ではヨーガの実践を行っていて、ヨーガにおいては肛門と性器の狭間にある会陰のチャクラ「ムーラーダーラ」にシャクティが眠っているととらえます。チャクラはエネルギーが集中している場所を意味します。チャクラに眠っているものは「クンダリニー」と呼ばれ、とぐろを巻いている蛇としてイメージされました。その蛇を、頭頂にあるチャクラ「サハスラーラ」へと上昇させ、それと合一化させることがめざされます。こうしたクンダリニーを覚醒させることが、ヨーガにおける解脱です。チャクラを丹田として考えるならば、これは、エリアーデが指摘しているように房中術と共通します。

オウム真理教が説いたクンダリニーの覚醒

クンダリニーの覚醒から思い起こされるのが、オウム真理教の修行です。オウムは、最終的に猛毒のサリンを使った無差別殺人を行うテロ集団となっていったわけですが、もともとはヨーガの道場としてはじまり、クンダリニーの覚醒をヨーガの修行の目的として掲げていました。オウムの教祖である麻原彰晃には『超能力「秘密の開発法」』(大和出版)という著作があり、そこでは覚醒のプロセスについて、次のように述べられていました。

まず、相手の眉間に当てたわたしの親指から白銀色の光がスシュムナー管（クンダリニーの通り道）を通って尾てい骨のムーラダーラ・チャクラまで降りていく。これを三回ほど繰り返すと、光はぱっと消えてしまう。これは、スシュムナーにクンダリニーの通り道ができたことを意味する。さらにシャクティーパットを続けていると、小さな豆粒ほどの赤い点が相手のムーラダーラ・チャクラに四点ほど見え始める。このとき、わたしのムーラダーラ・チャクラも呼応してむずかゆくなる。それらの点は初めは離れて見えるのだが、やがて一カ所に集まり、逆三角形を作る。その時、わたしのムーラダーラ・チャクラは熱くなる。三角形は次第に大きくなり、骨盤ほどの大きさにまでなる。わたしのムーラダーラ・チャクラはいっそう熱くなり、エネルギーが上へ昇り始める。同時に相手の赤いクンダリニーも上へと昇り始めて、それがわたしの親指のところにまで到達すると、相手の身体全体が赤く見えるようになる。

ここで言われている「シャクティーパット」は、クンダリニーを覚醒させようとしている修行者に対してエネルギーを注入するもので、麻原は相手を仰向けに寝かせ、自分はその頭のところで蓮華座を組んで座り、額に親指を押しあて、それをこすりつけるようにしました。

まだオウムの存在が広く知られていない1987年に、麻原は片岡鶴太郎の司会するテレビ番組に出演したことがありましたが、そこでこのシャクティーパットを実演しました。相手になったのはオウムの女性信者でしたが、麻原のシャクティーパットによって性的なエクスタシーに達したような状態を示すと、それを見ていた番組の出演者たちは見てはならないものを見てしまったかのような驚きの表情を浮かべていました(「鶴太郎のテレもんじゃ」日本テレビ、1987年5月5日放送)。

『超能力「秘密の開発法」』は、麻原の最初の著作であり、1986年に刊行されています。その後、増補版や増補大改訂版が大和出版とオウム出版から出ていますが、最初の本では、左道タントラや房中術を使っての幽体離脱の方法について述べられていました。射精を伴わない自慰や性交を行った後、マントラを唱えながら性交し、終わった後にはツァンダリーを行う。そして最後にエネルギーの流れを観想する性交を行えば、幽体離脱の超能力を身につけることができるというのです。ツァンダリーは気をめぐらすことを意味します。なお、この部分は1991年の増補大改訂版では削除されていました。

オウムが若者たちのあいだに多くの信者を獲得したのも、このクンダリニーの覚醒が大きな魅力になっていたことは間違いありません。麻原は、そのためには性交や自慰を慎むようにと言い、実際オウムの出家した信者は独身を保ちました。麻原はすでに家庭を設けていたので、自分は出家はできないと言い、出家した信者に対してはその立場を尊重し、敬語を使っていました。麻原はそうした出家者のグルだったわけですが、自分がグルであると明言しなかったのも、そうした錯綜した関係が成立してしまっていたからです。

麻原はオウムをはじめる前、修験道系の新宗教の一つ、阿含宗《あごんしゅう》の信者でした。阿含宗は平河出版社という出版社を立ち上げ、そこから密教やヨーガについての本を出版しており、麻原はそうした本から知識を得ていました。阿含宗ではヨーガの修行が実践されることはありませんでしたが、麻原は自ら修行を行い、そのなかでクンダリニーの覚醒をもたらすシャクティーパットの技法を開発しました。その点で、日本では特異な宗教となったのです。

密教にも存在する性の思想

仏教においても、密教となるとそこには性を肯定する思想が存在します。日本に密教が伝えられたのは平安時代で、唐にわたった最澄や空海がその役割を担いました。田中公明は「儀礼、象徴、テキスト」(『新アジア仏教史03』所収)という論文で、「わが国の学界では、インドの密教を初期・中期・後期に分類するのが一般的である」と述べています。このうち、最澄や空海が日本に伝えたのは中期密教で、後期密教はチベットなどに伝えられたも

の の、日本には伝わりませんでした。

田中は、インドで密教が現れたのは5世紀であり、その頃のインドではグプタ朝による統一政権が崩壊し、各地の王が覇権を競う時代だったとしています。その時代にヒンドゥー教のシヴァ派が勢力を拡大し、仏教の内部においても王権の強化や軍事的な勝利、あるいは庶民の世俗的な願望を成就する儀礼を取り入れる運動が興りました。それが密教の成立に結びついたのです。

初期密教における儀礼は、息災《シャーンタ》、増益《パウシュティカ》、調伏《アビチャーラカ》といった形に分けられますが、いずれも現世における利益の獲得を目的とするものでした。

ところが仏教本来の目的は、解脱して仏になることにあります。それを反映し、中期密教になると、現世利益を実現することより仏になることに重点がおかれるようになりました。それは、ヒンドゥー教との違いを明確にするためでもありました。田中は「『大日経』の言を借りれば、『真言門に菩薩の行を修する』、すなわち大乗仏教の理想を密教的な方法によって実現することを標榜」するようになったと述べています。

そうしたなかで、性を積極的に肯定する仏典が作られるようになりました。その代表が『理趣経《りしゅきょう》』です。

性の快楽が肯定されている密教経典

密教の経典としては『大日経』と『金剛頂経』がよく知られていますが、『理趣経』は『金剛頂経』の一部をなすものでした。最初、『西遊記』の三蔵法師のモデルとして知られる玄奘《げんじょう》が漢訳を行いました。ただ、唐にわたった空海は、不空訳による『大楽金剛不空真実三摩耶経《だいらくこんごうふくうしんじつさんまやきょう》』の般若波羅蜜多理趣品《はんにゃはらみったりしゅぼん》のほうを日本に招来しています。不空はインド人の僧侶で、多くの密教経典を漢訳したことで知られています。空海が唐で師事した恵果《けいか》は、その不空の弟子でもありました。

密教といえば、多くの人たちは「曼荼羅」を頭に思い浮かべるでしょう。密教の「曼荼羅」には実はさまざまな種類があるのですが、もっともよく知られたものが「両界曼荼羅」です。「両界曼荼羅」は「胎蔵界曼荼羅」と「金剛界曼荼羅」の二つに分かれますが、どちらの曼陀羅でもおびただしい数の仏の姿が描かれています。空海はこの「両界曼荼羅」を唐から招来していますが、その実物は現存しません。密教の儀礼に用いられたため、護摩の火などで損傷したものと考えられます。

「胎蔵界曼荼羅」のほうは、『大日経』に説かれたことがもとになっています。「金剛界曼荼羅」は『金剛頂経』をもとにしており、『金剛頂経』から生まれた『理趣経』には大日如来と、修行途上の菩薩であったときの大日如来の姿を示す金剛薩埵《さった》が登場します。金剛薩埵は、衆生の理想的な姿を示したものとして考えられています。

不空訳の『理趣経』は構成が『法華経』と似ており、最初に序説があり、最後にあとがきにあたる流通《るつう》という部分が含まれます。本文は17の段から構成されていますが、もっとも重要とされるのが第1段と第17段です。

とくに第1段は『理趣経』の特徴的な箇所と言えるもので、「一切法の清浄《しょうじょう》句門を説きたもう」ということばが登場します。これは「あらゆる存在するものは、それじたいの本性は清らかなものである、という教えを説きたもうたのである」と訳されます（翻訳については、宮坂宥勝訳注『密教経典』講談社学術文庫による）。

これに続けて「いわゆる妙適《みょうてき》清浄の句、これ菩薩の位なり」とあります。ここで言われる「妙適」は性的な快楽のことをさします。したがって、この箇所全体は「いうところの性的快楽が本来清らかなものである、という成句（＝地位）は、そのまま菩薩の立場である」と訳されます。

以下、欲箭《よくせん》、触《そく》、愛縛、一切自《いっさいじ》在主《さいしゅ》、見《けん》、適悦、愛、慢、荘厳《しょうごん》、意滋《いし》沢《たく》、光明、身楽、色《しき》、声《しょう》、香、味が清浄であるとされています。それぞれ、相手のハートを射止める愛欲の矢、相手と抱擁すること、相手と離れがたいこと、相手に対して思いのままに奔放に振る舞うこと、相手を見ること、相手との抱擁の喜び、相手に対する本能的欲望、相手との性交に満ち足りること、相手のために身を飾ること、相手と抱擁して満ち足りること、相手への本能的欲望によって目の前が明るくなることを意味しています。

要するにここでは、性の快楽、あるいは性に対する欲望が全面的に肯定され、それは完全に清らかなものとされているのです。

空海が危惧した密教の過激な教え

密教と対比される一般の仏教は、「顕教」と呼ばれます。顕教においては、性的な欲望や快楽の追求は「煩悩」としてとらえられ、否定すべきものと考えられています。煩悩は心身を乱し、知恵の発動を妨げる穢れたこころの働きとされ、仏教の修行の目的はこの煩悩を取り除くことにあるとされます。僧侶が出家するのも、煩悩から切り離された生活を送るためです。

ところが『理趣経』は、性的な欲望を全面的に肯定しています。それは、顕教を否定し、さらには仏教の教えを真っ向から否定することにつながっていくはずです。そうなると、仏教の修行者は社会的に危険な存在とみなされることにもなりかねません。

最澄は、空海よりも先に帰国し、日本で最初に密教の灌頂《かんじょう》（頭に水をかけて、悟りの位に進んだことを証する儀式）を行うこととなりました。しかし、最澄が密教を唐で学んだのは帰国する直前の短期間のことに過ぎません。のちに空海が帰国すると、自分で学んだことがいかに不十分なものであったかが明らかになったため、最澄は空海に密教関係の書物などを借り、教えを請いました。

ところが、不空による『理趣経』の解説である『理趣釈経』の貸し出しを依頼したとき、空海はそれを断っています。おそらくそれは、『理趣経』に説かれていることが社会道徳の観点からすれば危険なものを含んでいたからでしょう。性的欲望を全面的に肯定し、性的な快楽の追究に仏道修行の最高の境地を見出していくことは、出家した僧侶に破戒して、性交に及ぶことを勧めるようなものです。

これが、日本には伝えられなかった後期密教になると、そうした面がかえって強調されるようになります。

後期密教を代表する経典が『秘密集会《しゅうえ》タントラ』で、それは相当に過激な内容を含むものでした。その「普遍なる行の最上なるものについての第五分」には、次のようにあります。

殺生を生業とする人たち、好んで嘘をいう人たち、
他人の財物に執着する人たち、常に愛欲に溺れる人たち、

糞尿を食物とする人たち、これらの人たちは本当のところ、成就するにふさわしい人たちである。

行者が母、妹、娘に愛欲をおこすならば、大乗の中でも最上の法の中で、広大な悉《しっ》地《ち》を得るであろう（『秘密集会タントラ和訳』松長有慶訳、法藏館）。

ここでは社会的な倫理に反するような事柄を実践することが、むしろ悟りに結びつくとされています。悉地は密教における悟りを意味します。しかも、その前にある「一切如来が三摩地《さんまじ》に入り曼陀羅を加持する第一分」では、「以下のように私は聞いた。ある時、世尊は一切如来の身語心の心髄である諸々の金剛妃の女陰に住しておられた」とあります。釈迦は、これを説いたとき、女性と性交している真っ最中だったというのです。

『秘密集会タントラ』が勧めるのは、次のような事柄です。

「五欲徳」（色・声・香・味・触）
「五肉」（人肉・牛肉・犬肉・象肉・馬肉）
「五甘露」（糞・尿・精液・経血・肉体）
「大印」（女性パートナー）

糞・尿・精液・経血・肉体などは、一般に穢れとして忌み嫌われるわけですが、ここでは、天から降り注ぐ霊薬（甘露）にたとえられています。そして、女性との交わりが、悟りへと導くものと位置づけられているのです。

こうしたことが実際、どの程度実践されたかは必ずしも明確ではないのですが、経典に説かれている以上、その方向にむかう人間がいても不思議ではありません。

しかも後期密教が伝えられ、それが受け継がれてきたチベットでは、「歓喜仏《かんぎ》」が数多く作られました。これは「歓喜天」という形で日本にも伝えられていますが、歓喜天が一般に、象頭人身の男女が抱き合っている姿をしているのに対して、歓喜仏は男尊が女尊を抱き、交合しています。これは『秘密集会タントラ』に描かれた釈迦の姿であり、後期密教においては、そこにこそ悟りの境地が示されるとされるのです。

このような過激な教えが打ち出されてくるのも、これまで見てきたように、仏教が欲望の抑制、禁欲を説く宗教だからなのです。密教は、そうした顕教のやり方によっては真の悟りに達することができないとし、顕教の考え方を完全に覆すことによって本当の悟りへの道を示そうとしました。

逆に言えば、欲望の抑制が説かれていない宗教であればこうした反転は起こり得ません。その実例となるのがイスラム教の場合です。この点はあまり理解されていないでしょうが、次章で詳しく見ていくように、実はイスラム教は、禁欲と無縁な宗教なのです。

第6章　なぜイスラム教は性を禁忌としないのか

——預言者のことばから読み解くその実態

イメージとは異なり性に開放的なイスラム教

イスラム教といえば、戒律が厳格であるというイメージがあります。

一日5回の礼拝が義務づけられていることはもちろん、豚肉を食べてはならないとされ、酒も禁じられるなど、締めつけはかなり厳しいというわけです。

女性に対しても「ヒジャブ」と呼ばれるスカーフを着用することが義務づけられています。実際、多くのイスラム教徒の女性たちが日頃スカーフを身にまとっていることも、そうしたイメージを強化することに結びついています。

しかし、単純にイスラム教を戒律が厳しい宗教としてとらえていいのかと言えば、必ずしもそうではありません。

この本でテーマとしている性の領域について、イスラム教はかえって開放的な面を持っています。少なくとも、これまで見てきたキリスト教や仏教とは異なり、性は禁忌となっていないのです。

ただ、その点が認識されていないだけなのです。

それはなぜなのでしょうか。

ユダヤ教、キリスト教との関係性

一つには、日本人にとってイスラム教がなじみのない宗教であり、日頃、イスラム教徒に接する機会が少ないということが理由にあげられます。

現在、日本に生活している日本人のイスラム教徒は1万人程度と推定されます。はっきりとした数を示せないところに、実はイスラム教の一つの特徴があるのですが、その点については後に述べることにします。

同じ一神教にユダヤ教とキリスト教がありますが、ユダヤ教徒は世界全体でも1500万人前後しかいません。民族宗教でもあるため、日本人でユダヤ教に改宗した人間は皆無というわけではありませんが、ごく少数です。それも、ユダヤ教徒と結婚したという場合がほとんどでしょう。

キリスト教は日本でも長い歴史があり、その影響は大きいのですが、それでもキリスト教徒の数は人口の1パーセントを超える程度です。文化庁の出している『宗教年鑑』令和2年版では約191万人です。先進国のなかで、これだけキリスト教徒の割合が少ない国は珍しいのです。それがイスラム教となれば、統計にあらわれないほど数が少ないため、私たち日本人はイスラム教について知る機会がどうしても限られてしまうのです。

理由はもう一つあります。

イスラム教も、ユダヤ教やキリスト教と並ぶ一神教であり、たしかにこの二つの宗教の影響を受けています。

そのため、日本人は、イスラム教をキリスト教に近いものとしてとらえてしまいがちです。もちろん、一神教で信仰されている神は共通しており、その点では、信仰のあり方も共通であるように思えます。

ところがイスラム教は、キリスト教とは性格が相当に違い、むしろユダヤ教に近いのです。それは、ユダヤ教でもイスラム教でも、それぞれの宗教法、つまりユダヤ法やイスラム法が決定的に重要なものとされているからです。これに対してキリスト教では、ユダヤ法やイスラム法に相当するキリスト法は存在していません。ローマ帝国に浸透したとき、すでにローマ法が存在していたことがキリスト教に独自な宗教法の成立を妨げたと考えられます。

ユダヤ教やイスラム教には、第2章で見たようなキリスト教の原罪の教えは存在していません。原罪という教えは、キリスト教独自のものなのです。

原罪が性に深くかかわっている以上、原罪の観念がなければ、ユダヤ教やイスラム教のあり方はキリスト教と大きく変わってきます。キリスト教では原罪が強調されることで贖罪を強く求めるようになったわけですが、ユダヤ教やイスラム教では贖罪は重視されません。そのことが二つの宗教の性についての意識、あるいは態度に大きく影響しています。よく「ユダヤ・キリスト教」という言い方がされますが、宗教のあり方ということを考えれば、むしろ「ユダヤ・イスラム教」と言うべきではないでしょうか。この点も、日本ではあまり理解されていません。

では、イスラム教とはどういう宗教なのでしょうか。イスラム教における性について考えるとき、まずはその点をおさえておく必要があります。

悩みを抱えていたムハンマド

イスラム法は「シャリーア」と呼ばれます。シャリーアとは、アラビア語で〝水場に至る道〟を意味しています。イスラム教は中東に生まれた宗教であり、アラブの人々にとって水を確保することはもっとも重要です。そこからこうした表現が生まれたものと考えられますが、道ということでは中国の儒教や道教で「道《タオ》」が重視されるのと似ています。

これに関連して一つ重要なのは、イスラム教に関連するアラビア語は普通名詞だということです。イスラム教徒が信仰する「アッラー」の場合も、これは神を意味する普通名詞であって、神の名前ではありません。

シャリーアの元になるものは「法源」と言われますが、決定的に重要なのは、神の啓示を集めた『コーラン』です。それに次ぐのが、預言者ムハンマドの残したことばや行動を伝えた「スンナ」です。このスンナが集められたものが『ハディース』です。『コーラン』と『ハディース』に記されていることが、イスラム法を形作っています。

ムハンマドは商人の家に生まれ、自らも商人となります。その才を見込まれたこともあり、年上のやはり商人の女性と結婚しますが、中年期にさしかかったところで悩みを抱えるようになります。

その悩みがいかなるものであったのか、具体的なことは伝えられていません。私たちの感覚では、悩みの中身が問題であるように思えますが、イスラム教ではそこに関心がむけられていません。なぜなら、ムハンマドはあくまで人間であり、信仰上、彼がいかなる悩みを抱えていたかは重要とされないからです。重要なのは、悩みを抱えながら洞窟で瞑想するようになったとき、天使を介して受けた神の啓示のほうなのです。ムハンマドはそれから亡くなるまで、次々と神から啓示を下されます。

啓示は、ムハンマドが生きている時代には口伝えされていました。ところがムハンマドが亡くなると、正しい啓示が伝えられない恐れが出てきました。そこでムハンマドの死から間もない時期に、啓示は本の形にまとめられました。それが『コーラン』です。

２０１５年のこと、イギリスのバーミンガム大学で『コーラン』の古い時代の写本が発見されました。それは1920年代に購入されたものだったのですが、約100年間放置されていました。それを放射性炭素年代測定法で調べたところ、使われている羊皮紙が1400年近く前のものと判明しました。それはムハンマドの死（632年）の前後のことになります。つまりこれは最古の写本となるわけで、大きな話題を呼びました。

法律や生活の規範になるスンナ

『コーラン』のことは日本でもよく知られていますが、それに比較するとスンナのほうはあまり知られていません。スンナは、ムハンマドがどういうことを言ったのか、どういうことをしたのかを伝えるもので、必ず伝承者の名前が示されているところに特徴があります。スンナは膨大な数があり、そのなかには疑わしいものも含まれています。その際に重要なのが伝承者が誰かということで、信頼が置ける伝承者のスンナは真正なものと考えられています。

イスラム教では、イスラム法が決定的に重要な意味を持ち、それがさまざまな法、たとえば民法や刑法、あるいは国際法の役割を果たしています。さらには慣習やエチケットまで含み込んでいるため、それを研究する「ウラマー」と呼ばれるイスラム法学者の存在が重視されます。

ウラマーのなかにはスンナを集めて、書物の形にした人物が9世紀から10世紀のあいだに幾人か現れています。たとえば日本語に翻訳されたスンナの集成書に『ハディース イスラーム伝承集成』(全6巻、牧野信也訳、中公文庫)がありますが、これは、アル=ブハーリーという法学者の「真正集」と呼ばれる集成をさしています。もう一つ、岩波文庫になった『ムハンマドのことば ハディース』(小杉泰編訳)は、「真正集」を含め、いくつかの集成集から抜粋して邦訳したものです。

ムハンマドは、イエス・キリストのように、人であると同時に神であるというわけではありません。ただの人間です。また、釈迦とは異なり世俗の世界を捨てておらず、出家してもいません。

しかし、イスラム教の世界ではもっとも正しい信仰を持っていた人物と考えられ、その行動は信者の模範とされています。だからこそ、スンナがイスラム教徒の生活において重要な意味を持っているのです。一年に一度行われるメッカ巡礼なども、ムハンマドが行った最後の巡礼の仕方に従って、世界中のイスラム教徒が実践しています。

浄めることの重要性

スンナには実にさまざまなことが伝えられています。財産から結婚、葬式、相続、医療、商取引など生活全般にかかわることが示され、それによってイスラム教徒の生活が規定されています。

『ハディース　イスラーム伝承集成』を見ていったとき、注目されるのは、浄めるということが重視されていることです。礼拝する前に浄めるので、モスクにはそのための水場が用意されています。この点は、神社に手水舎が設けられている日本の神道と似ています。

そうしたスンナのなかに、精液を浄めることについての記述があります。それは「スライマーン・ブン・ヤサールが或るときアーイシャに預言者の衣についた精液について尋ねると、彼女はいつもそれを洗っており、彼が礼拝に出るとき、衣には洗った水の跡がありありと残っていた、と答えた」とあります（『ハディース　イスラーム伝承集成』I）。

当時のアラブの社会は一夫多妻で、ムハンマドにも複数の妻がいました。アーイシャは3番目の妻で、最愛の妻であったと伝えられています。

あるいは、次のような伝承もあります。


アブー・フライラによると、礼拝が始まろうとして信徒達が整列している中を神の使徒は入場し、定めの場所に立ったとき、性交のために身が穢れていることに気づいた。そこで彼は人々にそのままの位置にとどまるように命じ、すぐさま引き返して体を洗い、頭から雫を滴らせたまま現われ、先ず「アッラーは至大なり」と唱えた後、彼らの先に立って礼拝した（同）。

ムハンマドと直接交流があった熱心な信者を「教友」と呼びます。そのうちの一人、アブー・フライラは膨大な数のスンナを残したことで知られ、その数は５４００近くに及び、あらゆる伝承者のなかでももっとも多いとされています（『ムハンマドのことば』）。

それにしても、かなり生々しい場面です。その場で、ムハンマドが自ら性交したことについてふれたのかどうかはわかりませんが、アブー・フライラはそのことをどこかでムハンマドから聞かされたのは間違いないでしょう。さまざまなスンナでは性交の後、具体的にどのような方法でからだを浄めるかが詳細に説かれています。

「婚姻の書」に見る預言者の結婚生活

『ハディース　イスラーム伝承集成』のⅤは「婚姻の書」ではじまっていますが、ムハンマドは結婚しないと言っている者に対して、「なぜあなた方はそのようなことを言うのだ。わたしは誰よりも神を怖れ畏んでいるが、断食しては食べ、礼拝しては眠り、また女を娶りもする」と述べた上で、「このわたしの習わしを嫌う者はわたしの仲間ではない」と言いきっています。

禁欲についてもそれを斥け、「せっかくアッラーが許し給うたおいしいものを勝手に禁忌にしたりしてはいけない」とさえ述べていました。禁欲主義は、アッラーの教えに反するというわけです。

さらに、ムハンマドは絶倫だったという伝承さえあります。「婚姻の書」には「アナスによると、預言者は9人の妻を持ち、一晩のうちに数人の妻を訪れる習わしであった」とあります。アナスとは、伝承数第3位となる2300近いスンナを残したアナス・イブン・マーリクのことで（『ムハンマドのことば』）、彼はさらに「預言者は当時9人であった彼のすべての妻たちと一晩のうちに交わった」とも伝えています（前掲Ⅰ）。

にわかには信じがたい話です。ムハンマドが啓示を受けたのは40歳頃のことでした。最初の妻が信者のはじまりとされますが、スンナを伝えている伝承者が現れるのは啓示を受けてからのことです。したがって、40代、50代でのことと考えられます。なお、ムハンマドは60代のはじめに亡くなっています。子どもは7人いたとされますが、そのうち6人は最初の妻とのあいだに生まれています。一晩のうちに9人の妻と交わったなら、もっと多くの子どもが生まれていても不思議ではないように思えます。

預言者がすすめる剃毛と早漏防止策

さらに、ムハンマドの性生活について、次のようなスンナがあります。ある日、ムハンマドは美しい女性と出会いました。そして、性交したいという欲望を抱きます。ただ、実際に欲望を満たした相手は、妻の一人、ザイナブでした。それが終わったあと、ムハンマドは教友たちのところへ行き、女性は男に性欲を抱かせる悪魔のような存在だから、女性を見て欲情したときには、すぐに妻のところへ赴き、性交によって情欲を抑えるよう説教したといいます。

これは、ムスリム・イブン・ハッジャージュによる集成書『サヒーフ・ムスリム』にあるもので、その邦訳が『日訳サヒーフムスリム』(全3巻、磯崎定基・飯森嘉助・小笠原良治訳、日本ムスリム協会)です。今日の観点からすれば、妻を性の道具として扱っているかのようにも見えますが、ここではムハンマドが性的な誘惑に弱かったことが示されています。そもそも、こうした伝承があること自体、イスラム教が、キリスト教とは異なり、禁欲とは無縁の宗教であることを証明しています。

さらに『ムハンマドのことば』には、次のようなスンナが引かれています。

ジャービル〔・イブン・アブドゥッラー〕は、次のように伝えている――ユダヤ教徒たちが「妻とその背後から〔後背位で〕交わると斜視の子どもが生まれる」と言っていました。すると、啓示が下されました――「あなたたちの妻は、あなたたちにとって耕地です。望むところから耕地に赴きなさい」〔雌牛章二二三節〕。（ブハーリー）

編訳者の小杉は、耕地ということばに注をつけ、「性交の際の体位は自由、の意」と述べています。

また、スンナのなかには、陰部の毛を剃ることを習わしとしたものもあります。たとえば「アブー・フライラによると、預言者は、『イスラームが受け継いだ古来の慣習には五つあり、割礼、陰部を剃ること、腋毛を抜くこと、ひげを刈ること、そして爪を切ることだ』と言った」（前掲V）と述べられています。

こうしたことは衛生的な観念に発するものと説明されることが多いのですが、剃毛については、それだけではないように思われます。

スンナのなかに、ムハンマドが仲間と遠征からの帰途についたときの話が伝えられています。ジャービル・ブン・アブド・アッラーが駱駝をけしかけると、預言者は「なぜ、そのように急ぐのか」と尋ねました。そこで「結婚して間もないものですから」と答えると、預言者は「夜まで待ち、女達が髪を梳《けず》り、陰部を剃ってから入るようにせよ」と命じたといいます(同)。果たしてこれは衛生上のためだったのでしょうか。習わしに反していることで、女性に恥ずかしいと思わせないためだとは言えますが、性交が前提になっており、より快楽を高めるためではなかったかとも考えられます。

ほかにも、陰部を洗い浄めることが重視されていることを伝えるスンナがあり、それは早漏の防止策にも及びます。

アリーは言った。わたしは早漏のたちであったが、預言者の娘であるわたしの妻の手前、自分で言いたくなかったので、或る男に預言者に尋ねるように頼んだところ、預言者は「浄めを行い、陰部を洗いなさい」と答えた、と(前掲I)。

イスラム教の世界ではムハンマドの死後、その後継者となる「カリフ」が定められ、最初の4代のカリフについては「正統カリフ」と呼ばれます。アリーは、その最後に位置する第4代カリフです。このスンナは、カリフという権威者になったアリーが、実は早漏であったことを伝えています。なんともあけすけです。

イスラム教の聖職者の立場と仕組み

こうしたイスラム教のあり方は、キリスト教とは根本的に異なっています。「福音書」をはじめとする『新約聖書』のなかで、イエス・キリストやその弟子たちの性生活についてはまったく言及されていません。しかも、キリスト教ではやがて原罪の教義が確立され、性行為自体が罪深いものと見なされるようになっていきます。そうした点は、イスラム教にはまったく見られないのです。

そうである以上、イスラム教の聖職者に独身であることが要求されることはありません。カリフの場合にも、生涯俗人として活動しました。シーア派になると、第4代カリフのアリーの後を継ぐ者を「イマーム」と呼び、最高の指導者としました。ただし、イマームは12代まで続いたところで「お隠れ」になってしまい、最後の審判のときに再び現れるとされます。これはキリスト教におけるイエスの再臨の話に似ていますが、イマームもまた、イエスとは違い、生涯独身をまっとうすることはありませんでした。

一方、スンニ派の場合、イマームといえばモスクにいて『コーラン』を唱えたり、説教を行う人間のことをさしています。イマームになるためには子どもの頃にコーラン学校に通い、『コーラン』をすべて暗記する必要があります。イマームはあくまで俗人として生活します。それは、イスラム教法学者であるウラマーにも共通しています。

そこには、イスラム教において神が唯一絶対の至高の存在とされていることが関係します。キリスト教でも神は唯一絶対の創造神であるはずなのですが、神とイエス、そして聖霊からなる三位一体の教義も確立され、あるいは、聖人崇敬や第9章で述べるマリア崇敬もあり、多神教に近い形をとっています。

キリスト教で教会の制度が発達したのは、神の絶対性がイスラム教に比べて弱く、人間の権威というものを認めるからです。そこには、イエスが神と同時に人としての性格を持つとされ、教会制度の頂点に立つローマ教皇がイエスの代理人とされたことも影響しています。

ローマ教皇については、その地位にあるときになされた決定にはいっさい誤りがないとされ、「教皇無謬説」が教義としても確立されています。それは、本来人間であるべき存在に、神に次ぐ権威を与えることにつながりました。

イスラム教ではこうした考え方がとられず、権威ある人間というものを本来は認めません。現実は必ずしもそのようにはなっていませんが、理念としては、人間はすべて神の前で平等なのです。

イスラム教の大きな特徴

イスラム教の場合、教団のような形をとった組織が不在なのも、それが関係していま す。組織ができればその内部に上下の関係が生まれ、人と人とのあいだに差別が生まれま す。おそらくイスラム教が最初に広がった中東では、もともと組織を生む文化的な土壌が存在しなかったのでしょう。アラブの社会で重要なのは、同じ父祖を共通に持つ、いわゆる部族です。部族は自然発生的なもので、人為的に作られる組織とは異なります。

イスラム教徒の数がはっきりしない点については、すでにふれましたが、それも組織が存在せず、信者が教団に所属しているわけではないからなのです。

こうした組織の不在は、教義を定めるということにも影響します。キリスト教のカトリック教会では、公会議を開いて正統と異端とを区別しますが、イスラム教には、強固な階層構造を持つ教会など存在しません。モスクは、キリスト教の教会のようなものに見えますが、そこに所属するイスラム教徒はいないのです。

イスラム教のあり方はむしろキリスト教のプロテスタントに似ています。プロテスタントはカトリック教会の権威を否定するところからはじまり、個々の人間は聖書を読むことで自己の信仰を確立していかなければならないとされました。そのため、聖職者も俗人となり、「万人祭司説」が唱えられました。聖書を『コーラン』とスンナに置き換えれば、イスラム教と形は共通します。イスラム教では権威となる存在がいない以上、プロテスタントと同様、どういった教えに従いどのような実践をするかは、究極的には個人に任されているのです。

ウラマーは、イスラム法学を学ぶことによって「ファトワー」という声明を出します。それは『コーラン』やスンナにもとづいて、それぞれの時代のイスラム教徒がどう行動すべきか、その方針を示したものです。

スンナにおいて誰が伝承者かが重要であるように、ファトワーも誰が発したものかが重要です。法学者に限らず誰もが出せますが、信頼のあるウラマーが出したファトワーには多くのイスラム教徒が従うことになります。ただし、その権威は絶対ではありません。それに従うかどうかを選ぶのもまた、あくまで個々のイスラム教徒なのです。

なぜ女性はヒジャブを被るのか？

ではなぜ、この章の最初に述べたように、イスラム教徒の女性はスカーフを被ることを求められているのでしょうか。

一般的に、その根拠は『コーラン』の次の箇所（24章31節）に求められています。

また女の信仰者たちに言え、彼女らの目を伏せ、陰部を守るようにと。また、彼女らの装飾は外に現れたもの以外、表に現してはならない。また、彼女らの胸元には覆いを垂れさせ、自分の配偶者、父親（後略、『日亜対訳クルアーン［付］訳解と正統十読誦注解』中田考監修、作品社）

ここで、「装飾」には注がつけられ、「美しく魅力的な部分で、顔と両掌以外の全身を指す」と説明されています。もう一つ別の箇所（33章59節）には次のようにあります。

預言者よ、おまえの妻たち、娘たち、そして信仰者の女たちに言え、己の上に長衣を引き寄せるようにと。そうすることは、彼女らが見分けられ、害を受けないことに一層近い。そしてアッラーはよく赦し給う慈悲深い御方であらせられた。

「見分けられ」の部分については「偽信者たちが手出しをしていた奴隷女や遊女たちと見た目で区別がつき、彼女らが自由人の淑女であることが分かるように」という注がつけられています。

こうした箇所は、性欲が強く、女性を見ると性の衝動を感じてしまいやすかったムハンマドを踏まえての神の啓示であるとも言えます。

ただしここでは、女性に対して髪を覆ったり、顔を隠したりすることが具体的に指示されているわけではありません。

それはスンナに示されています。多和田裕司「マレーシアのムスリム女性に見るイスラーム的装い――消費社会におけるイスラームについての一考察」（『人文研究　大阪市立大学大学院文学研究科紀要』第66巻、2015年）では、それに関連する次のスンナがあげられています。

アーイシャによれば、アブー・バクルの娘であるアスマーが薄手の服を着てアッラーの使徒と出会った。アッラーの使徒は彼女から注意を背け、次のように言った。「アスマーよ。女性が初潮の年齢に達したならばことここを除いて身体を見せるようなことはふさわしくない。」そして彼は彼女の顔と手を指さした。（アブー・ダーウードのハディース、「衣服 4092」）

シャヒヤ・ビント・サイーバによれば、アーイシャは次のように言ったという。「ベールで首と胸を覆うようにとの啓示がなされたとき、女性たちは腰布の端を切り、それで顔を覆った。」（ブハーリーのハディース、「コーランについての預言者の言及 282」）

ただし、イスラム教の女性たちがこうした『コーラン』やスンナに従って、昔から、現在多くのイスラム教徒の女性たちが行っているようにヒジャブを身につけてきたというわけではありません。

多和田も指摘しているように、そこには近年起こったイスラム教の復興の動きや、流行のファッションということがかかわっており、今見られるスタイルはあくまで現代のものです。規定が常に守られてきたのであれば、中東にベリーダンスなど生まれようがありません。

重要なのは、そこには女性を男性の性的な視線から守るという意味合いがあるということです。そして、家庭における女性たちは、そうした視線から解放され、ヒジャブを身につけることなく、むしろ性を謳歌しているのです。

ですが、いくら法を守ることが個人に任されているとはいえ、現実にはイスラム教が広がった、あるいはイスラム教が国教としての扱いを受けている国では「宗教警察」が存在し、シャリーアに反する行為を取り締まっていたりします。サウジアラビアやアフガニスタン、イランなどがそれにあたります。

イスラム教の死後の行方

イスラム教の本来の考え方からすれば、シャリーアを外側から強制することは正しいことではありません。しかし宗教警察が存在する国では、社会秩序を維持するという観点から、そうしたことが実行されています。

キリスト教や仏教の場合には宗教組織が確立され、それは世俗の社会のなかで自立し、一定の権力を持っています。キリスト教のカトリック教会がそうですし、日本の寺社勢力も同様でした。その結果、宗教が支配する領域、地域では、世俗の権力が介入できなくなりました。

そうした領域は「アジール」と呼ばれます。日本では「無縁所」などという言い方があります。中世の教会や寺院は、多くの土地を寄進され、アジールとして機能しました。「縁切寺」などという表現があるのも、寺に逃げ込めば、妻からはできない離婚がかなったからです。

イスラム教の場合にはシャリーアが存在することもあり、宗教の聖なる領域と世俗の社会とを区別する考え方がありません。両者は一体の関係にあります。それは、宗教が世俗の社会から自立し、アジールとして機能を果たすことを妨げています。そこに、宗教警察のようなものが生み出される一つの理由があると考えることができます。

では、本来シャリーアが強制されるものでないとしたら、イスラム教徒はなぜそれを守るのでしょうか。

そこには、死後の行方ということがかかわっています。

死後、現世において正しい生活を送っていた人間は天国や極楽、浄土へ赴き、間違った悪の生活を送っていた者は地獄に落とされるというのは、どの宗教においても共通して見られることで、イスラム教もその例外ではありません。

『コーラン』には天国の描写もあれば地獄の描写もあり、天国については「畏れ身を守る者たちに約束された楽園の喩えは、そこには腐ることのない水の川、味の変わることのない乳の川、飲む者に快い酒の川、純粋な蜜の川がある。また、彼らにはそこにあらゆる果実と彼らの主からの御赦しがある」（47章15節）と述べられています。イスラム教では飲酒が禁じられているわけですが、それは酔って信仰を蔑ろにするからで、天国では酩酊することのない酒が用意されています。

一方、地獄については「彼らは知らないのか、アッラーとその使徒に歯向かう者、彼には火獄《ジャハンナム》の火があり、そこに永遠に住まうことを。それは大いなる屈辱である」（9章63節）とあります。

さらに「彼らは獄火から出ることを望むが、彼らはそこから出ることはない。そして彼らには永続の懲罰がある」（5章37節）とも言われています。

イスラム教では、信者が実践すべき宗教行為として「五行」が定められています。それは信仰告白、礼拝、断食、喜捨、巡礼からなっていますが、これらを実践することで死後は地獄に落とされず、天国に行くことができると信じられています。

巡礼の場合には、メッカのあるサウジアラビア以外の国から行くにはかなりの費用がかかりますし、また、毎年巡礼できる人間の数が制限されているので、イスラム教徒なら誰もが一生に一度実現できるわけではありません。

それを除けば、いずれもイスラム教が広がった地域においては慣習として浸透しており、多くの人たちがそれを当たり前のように実践しています。

イスラム教で重要なのは、こうした宗教行為を実行したかどうかは問われるものの、内面は問われないという点です。つまり、キリスト教のように自らの罪深さを自覚することは求められませんし、仏教のように自らのうちの煩悩を自覚する必要もないのです。

罪深さも煩悩も、性的な欲望と深くかかわっています。これに対してイスラム教では、預言者ムハンマドの旺盛な性欲についておおっぴらに語られており、性の禁忌は存在しません。すでに見てきたように、むしろ禁忌にしてはならない、ともされているのです。

この観点からイスラム教を見直すならば、従来とは異なるイスラム像が生まれてくるのではないでしょうか。

実は日本仏教の中にも、性を否定しない宗派が生まれました。次の章ではそれについて見ていくことにします。

第7章　親鸞は本当に「愛欲の海」に沈んだのか

──浄土真宗だけが妻帯を許された理由

日本最大の宗派と性の関係

鎌倉時代には、今日多くの信者を抱えている仏教各宗派の宗祖が活動を展開しました。そのなかで唯一妻帯したのが浄土真宗を開いた親鸞です。

親鸞といえば、『歎異抄《たんにしょう》』がよく知られています。これは親鸞の言行録であり、広く読まれてきました。とりわけ、そのなかにある「善人なおもて往生をとぐ。いわんや悪人をや」ということばは注目されてきました。善人が往生を遂げるのは当たり前のことだが、悪人ならばなおさら往生できる、というのです。勧善懲悪的な価値観からすれば、親鸞はとんでもないことを言っていることになります。

ほかにも、「親鸞は弟子一人《いちにん》ももたず候ふ」とか「たとい、法然聖人《しょうにん》にすかされまいらせて、念仏して地獄におちたりとも、さらに後悔すべからずそうろう」などもよく知られています。「すかされ」とは騙されるという意味で、親鸞の、常識を覆すような思い切った表現が、多くの人を引きつけてきました。

ただ、『歎異抄』は弟子の唯円が記したもので、親鸞が自ら筆をとったものではありません。したがって『歎異抄』には唯円の考え方が強く反映されている部分があり、このなかにあることばを本当に親鸞が発したかどうかわからないところがあります。唯円による加筆、あるいは潤色がある可能性は否定できません（その点については、拙著『ほんとうの親鸞』講談社現代新書で論じました）。

親鸞自身が筆をとった主著としては、『教行信証』があげられます。『顕浄土真実教行証文類《けんじょうどしんじつきょうぎょうしょうもんるい》』が正式なタイトルで、「坂東本《ばんどうぼん》」と呼ばれる自筆本も残されています。『教行信証』の自筆本はそれだけで、「坂東本」は国宝にも指定された貴重なものです。

ただ、『歎異抄』に比較したとき、『教行信証』はそれほど読まれていません。浄土真宗の信者でなければ、その存在を認識している人もそれほど多くはないでしょう。

なぜなら『教行信証』は、証文類とあるように、経典の引用が中心で、親鸞自身のことばは限られているからです。哲学者の梅原猛も、『歎異抄』を通して親鸞に興味を持ち、『教行信証』を読んでみようとしたとき、「たいていの人は途中で本を投げ出す」と述べていました（「仏教の思想2」『梅原猛著作集6』集英社）。

したがって『教行信証』にある親鸞のことばが注目されることも稀なのですが、唯一よく知られたことばに次のものがあります。

誠に知りぬ。悲しきかな、愚禿鸞《ぐとくらん》、愛欲の広海に沈没《ちんもつ》し、名利《みょうり》の太山に迷惑して、定聚《じょうじゅ》の数に入ることを喜ばず、真証の証に近づくことを快《たの》しまざることを、恥ずべし、傷むべし、と。

これまで取り上げてきた『日本仏教史』と『女犯』の著者である石田瑞麿は、ここの部分を次のように訳しています。

なんと悲しいことであろうか。この愚禿釈の親鸞は果てない愛欲の海に沈み、名声と利得の高山に踏み迷いながら、浄土に生まれる人のなかに数えられることを喜ぼうともせず、仏のさとりに近づくことをうれしいとも思わないことは、本当に、恥じなくてはならない。心をいためなくてはならない（親鸞『歎異抄・教行信証Ｉ』石田瑞麿訳、中公クラシックス）。

愛欲の広海とは親鸞独特の表現ですが、それは親鸞が妻帯したことに結びつけて解釈されてきました。性の欲望が強く、それで僧侶の身にありながら、妻帯に踏み切ったというわけです。

しかし、親鸞自身は自らが妻帯したことについて、どこでもその理由を述べてはいません。『歎異抄』でも、『教行信証』でもふれていないのです。

そこに「女犯偈《にょぼんげ》」というものがかかわってくるのですが、それはかなり問題になるものです。

親鸞が聖徳太子から授かったお告げ

「女犯偈」は親鸞が聖徳太子から授かった、夢で見たお告げだとされています。親鸞は晩年にいくつもの和讃（仏・菩薩、祖師・先人の徳、経典・教義などに対して和語を用いてほめたたえる讃歌）を残していますが、そのなかに聖徳太子を称えた「皇太子聖徳奉讃」と「大日本国粟散王《ぞくさんおう》聖徳太子奉讃」があります。親鸞には聖徳太子信仰があり、それは浄土真宗でも受け継がれています（この点について詳しくは拙著『親鸞と聖徳太子』角川新書で論じました）。

聖徳太子は飛鳥時代の人で、親鸞からすれば６００年も前の人物です。したがって、親鸞が聖徳太子から直接「女犯偈」を授かるなどということはあり得ない話なのですが、それは、親鸞が京都にある六角堂に籠もったときのことだとされています。

六角堂は、京都市中京区にある天台宗系の単立寺院、紫雲山頂法寺の本堂のことです。現在でもそこには六角の建物が建っていますが、それは明治時代になってから再建されたものです。頂法寺の寺伝などによると、飛鳥時代に聖徳太子によって創建されたとされますが、発掘調査の結果では、実際の創建は10世紀後半と考えられます。ただ、親鸞の時代には、六角堂は聖徳太子ゆかりの寺と見なされていました。

その六角堂に親鸞が籠もったのは事実です。というのも、親鸞の妻となった恵信尼の書状に、そのことが記されているからです。

親鸞をめぐっては、現在、それこそ毎月のように新刊が刊行されており、その人生は詳しいことがわかっているかのように思われているかもしれません。

しかし、実際に親鸞の生涯をたどろうとすると、意外なほど史料が少ないことに驚かされます。親鸞は自らのことについてほとんど書き残していないからです。そのため、明治時代には、親鸞は実在せず、架空の人物だったという説が唱えられたりもしました。

その説を覆したのが、恵信尼の書状の発見という出来事でした。書状が存在することは以前から知られていましたが、現物は発見されていませんでした。ところが大正10（1921）年、西本願寺の宝物庫で発見されたのです。そこに記されていたことが伝えられてきた親鸞の行状と一致したため、親鸞の不在説は一掃されることとなりました。

信憑性が高い恵信尼の書状

発見された書状は、越後にいた恵信尼が京都で晩年の親鸞の世話をしていた末娘の覚信尼に宛てたもので、恵信尼も親鸞もすでに80代になっていました。書状では、その時点から過去を振りかえって述べているので、記憶にあやふやなところがある可能性が出てきます。ところが恵信尼は日記をつけており、それにあたって事実を確かめたりもしています。その点では、内容にはかなり信憑性があると考えていいでしょう。

恵信尼の書状のなかに、弘長3（1263）年に記されたものがあります。冒頭では、覚信尼がその前年の12月1日に出した書状を同じ月の20日すぎに見たとし、それで親鸞が亡くなったことを知ったと述べています。親鸞が亡くなったのは、弘長2年11月28日のことでした。

そして恵信尼は、およそ60年前のことを振り返っています。それは親鸞が修行を続けていた比叡山を下りたときのことについてです。当然、そのとき恵信尼はまだ親鸞の妻にはなっていなかったわけですから、後になって親鸞に聞いたことを記していることになります。

恵信尼は、親鸞が「山を出でて、六角堂に百日籠らせたまひて後世《ごせ》をいのらせたまひけるに、九十五日のあか月、聖徳太子の文《もん》を結びて、示現《じげん》にあづからせたまひて候ひければ」と述べています。

比叡山を下りた親鸞は六角堂に１００日間籠もり、来世の安楽を願っていたが、その95日目に聖徳太子があらわれて、文を示したというのです。この書状の最後の部分では、その文を書き記して送ると述べられていますが、恵信尼が書き記した聖徳太子の文は今のところ見つかっていません。

では、その文が具体的にどういうものか、それを示しているのが、親鸞の生涯を記した絵巻物「親鸞伝絵」です。巻物によって実際の題名は異なっており、「善信聖人絵」「善信聖人親鸞伝絵」「本願寺聖人伝絵」などと呼ばれます。善信は親鸞の房号です。なお、伝絵は「でんね」と読まれます。「親鸞伝絵」を作ったのは本願寺の3世となる覚如です。覚如は、覚信尼の子どもである覚恵の長男であり、親鸞の曾孫です。

親鸞が女性と交わるのは宿命だったのか

「親鸞伝絵」によれば、六角堂の観音菩薩がおごそかな聖僧の姿をとって現れ、白い袈裟をつけて大きな白い蓮華に座し、「行者宿報設女犯　我成玉女身被犯　一生之間能荘厳　臨終引導生極楽」と告げたと言います。ここに女犯ということばが出てくるのですが、これを現代語に訳せば「もしそなたがその業によって女性と交わらなければならないなら、自分が玉のような美しい女性となって犯されよう。そして、生涯にわたってそなたを助け、臨終のときには極楽へ導こう」となります。

ここで親鸞の前に現れたのは、聖徳太子ではなく観音菩薩であるとされています。ただ、昔から聖徳太子を観音菩薩の化身とする見方はあります。文の内容からすれば、観音菩薩のほうがふさわしいはずです。というのも、親鸞が前世の業によって女性と交わる宿命があるなら、自分が美しい女になって、その相手になろうと述べているからです。それにしても、「我成玉女身被犯」というのは、随分と大胆で直截な言い方です。

受け取りようによっては、観音菩薩が親鸞に女犯を勧めているかのように解釈することもできます。そして、後に親鸞が妻帯することを正当化するものとも言えます。もし恵信尼が末娘に対してこの文を書き送ったとすれば、自分自身が観音菩薩の化身であると言っていることにもなってきます。そんな想像をしてみたくなるのも、これには続きがあるからです。

恵信尼は六角堂でのことに続けて、親鸞がそれをきっかけに法然のもとへ赴いたと述べた後、常陸国下妻の坂井の郷にいたときのことについて語っています。

それは夢のなかでの話でした。恵信尼はどこかのお堂のなかにいて、光り輝く二体の仏像のようなものを見かけます。片方の姿形はよくわからないものの、仏の頭光が輝いており、もう片方ははっきりと仏の顔をしていました。恵信尼がこれはどういう仏かと尋ねると、知らない人間が、前者は法然で勢至《せいし》菩薩だと言い、後者は観音菩薩で善信の御房、つまりは親鸞だと答えました。

夢から醒めた恵信尼は、法然のことだけを親鸞に言うと、親鸞は、法然が勢至菩薩の化身だという夢を見る人間はいろいろなところにいると言い、それは正夢であるとしました。恵信尼は、観音菩薩のことは親鸞に言いませんでしたが、やはり親鸞は特別な人なのだと信じてきたと述べています。恵信尼は、親鸞を観音菩薩の化身と思っていたのです。

では、親鸞は、聖徳太子なり観音菩薩なりから、本当に「女犯偈」を授かったのでしょうか。

「女犯偈」に浮上した疑い

実は、「女犯偈」と似た内容の文章が伝わっています。それは『覚禅抄』という文書に記されています。『覚禅抄』は平安時代の末期から鎌倉初期にかけて、金胎房《こんたいぼう》覚禅という僧侶が経法、尊法、灌頂などについての口伝をもとに書きつづった研究書です。そこには「本尊、王の玉女《ぎょくにょ》に変ずる事」というタイトルのもと、次のようなことが記されています。

性欲があまりに高まって戒律を犯し、堕落せざるを得ない人間がいるなら、この如意輪観音が美女となってその妻なり妾なりになり、一生をともにしよう。そうすれば、限りない善を積んで、極楽往生がかなうだろう。このことを疑ってはならない、というのです。

観音菩薩は如意輪観音とされており、表現はいろいろと異なっていますが、内容は「女犯偈」と共通しています。「女犯偈」は、この『覚禅抄』に述べられたことをもとに作られたのではないか。その疑いが浮上してきます。

この話のタイトルに出てくる玉女とは、玉のように美しい女性のことをさしますが、親鸞には恵信尼以前に、玉日姫《たまひひめ》(玉日の宮)という女性と結婚したという伝承があります。

それを伝えているのが、「親鸞伝絵」とほぼ同時期、もしくはその少し前に作られたと考えられる『親鸞聖人御因縁』という親鸞の伝記です。これは「御因縁」と略称され、三つの種類がありますが、そのうちの「親鸞因縁」に次のような話が出てきます。

建仁元(1201)年10月のこと、月輪《つきのわ》法皇という人物が比叡山の黒谷《くろだに》にいた法然のもとを訪れました。法皇は、法然の300人いる弟子のなかで、俗人は円証《えんしょう》と名乗る自分しかいないが、出家の念仏と俗人の念仏に違いがあるのかと尋ねました。法然が違いがないと答えると、法皇は、そこに本当に差別がないなら、法然の弟子のなかで一生不犯の僧を一人還俗させ、それで自分の疑いを晴らして欲しいと言い出しました。

法然はすぐに親鸞を指名しますが、親鸞は、法然のもとに弟子入りして戒律を犯さないできたのに、それは恨めしいと泣き出しました。すると法然は、六角堂での観音菩薩のお告げの話をもちだし、そのお告げの通り、穢れた俗人になれと言い出します。

ところが、親鸞にはそのお告げについて法然に話した記憶がありませんでした。そこで、お告げを得た経緯を語り、それを筆で書き記すと、法然がかねて書いていたものと一致しました。そこで親鸞は、法皇の車に一緒に乗って五条西洞院《にしのとういん》にあった月輪法皇の御殿に向かい、そこで法皇の7番目の姫である玉日の宮と結婚したというのです。

わからないことだらけの親鸞

ここに出てくる月輪法皇とは、摂政、関白、太政大臣を歴任し、法然に帰依して出家した九条兼実《くじょうかねざね》のことと考えられます。兼実は「月輪殿」と呼ばれ、その法名は円証でした。ただ、どう考えてもあり得ない話です。実際、ここに記されたことを裏づけるような史料はほかにまったく存在していません。親鸞の生涯が必ずしも明らかになっていないために、こうした荒唐無稽な話が作られ、流布する余地があったとも言えます。

これは、『ほんとうの親鸞』でも指摘したところではありますが、親鸞本人の言っていることをどこまで信用していいのか、それがはっきりしないところもあります。たとえば親鸞は、自分は法然から『選択《せんちゃく》本願念仏集』を書写することなどを許されたと述べています。

実際、その書写は高弟にしか許されなかったようで、浄土宗側の史料には、具体的にそれを許された数名の高弟の名があげられています。ところが、そこに親鸞の名を見出すことはできません。そうした史料には、一人名前があげられていない人物がおり、それを親鸞と考えることもできます。しかし、名前が記されていないということは、その人物が無名で、法然の直弟子ではなかったことを意味するのではないでしょうか。

前述したように、親鸞自身は「女犯偈」について何も語っていませんし、自分が妻帯したことについても、その理由を述べていません。『教行信証』にある愛欲のことばにしても、果たしてそれが妻帯と結びつくものであるかどうかもわかりません。そこでは愛欲が否定的にとらえられているわけですから、もしそれが妻帯したことと結びつくなら、親鸞は後悔していることにもなってきます。

「親鸞伝絵」の第3段は「六角夢想」となっていて、そこでは「女犯偈」が引かれています。そして越後に流された後、常陸国で活動し、箱根を越えて故郷の京都に戻ったことは述べられているものの、妻帯したことについては語られていません。したがって、「親鸞伝絵」に恵信尼のことなどまったく出てきません。臨終のことにはふれられていますが、覚信尼が看取ったともされていません。覚信尼も「親鸞伝絵」には登場しないのです。

「親鸞伝絵」を見る限り、親鸞が妻帯したかどうかということはまったくわからないのです。それに類するようなことも述べられていません。もちろん、玉日の宮との結婚なども出てきません。「女犯偈」は示されていても、それが親鸞の後の生涯に影響したとはされていないのです。あくまでそれは夢のなかの出来事として扱われています。

ただ一つ、親鸞がそうしたことに関係すると思われることを述べているのが、『教行信証』の「後序」の部分においてです。親鸞は、そこで、法然の一門が弾圧された、いわゆる「承元《じょうげん》の法難」にあたる出来事にふれています。ここでは、石田の訳でその部分を引きます。

源空法師（法然のこと）ならびにその門弟数人は、罪の当否を吟味されることもなく、無法にも死罪に処せられ、あるものは僧の身分を奪われて俗人の姓名を与えられ、遠国に流罪となった。わたしもその一人であるが、こうなった以上はもはや僧侶でも俗人でもない。だから、以降わたしは禿の字を用いて姓としている。

一つの問題は、ここに出てくる「わたしもその一人」の箇所をどのようにとらえるかです。ただ法然の門下であると述べているとも解釈できますし、流罪に処せられたなかに含まれるとも解釈できます。通常は後者の形で理解されていますが、親鸞が赴いたとされる越後は、律令において遠流《おんる》の地（ここでは「遠国」と訳されています）とはされていません。日蓮や後に世阿弥が流された佐渡は、現在では新潟県に含まれていますが、当時、越後と佐渡は別の国でした。親鸞は、他のところで自分が流罪に処せられたとは一度も述べていません。それも踏まえ、私は、前者の意味ではないかと考えています。つまり、親鸞は法然一門ではあるが、流罪になってはいないということです。

そのことも『ほんとうの親鸞』で論じたので、ここではこれ以上論じませんが、問題は「僧侶でも俗人でもない」の箇所です。原文は「僧にあらず俗にあらず（非僧非俗）」です。僧侶は出家得度すれば戒を授けられ、戒名も授けられます。したがって姓を失うことになるわけです。親鸞は自分が僧侶ではなくなったので、姓をつけたとしているわけですが、俗人ではないというのはいったい何を意味するのでしょうか。そこがうまく理解できません。僧侶から俗人に戻ることは、「還俗」と呼ばれます。親鸞は還俗したということでしょうか。そして、俗人に戻ったことで、恵信尼を妻としたのでしょうか。禿とははげ頭のことで、親鸞が剃髪のままだったことを意味しているように推測されますが、はたしてそれが非僧非俗の象徴だったのでしょうか。

事実としての親鸞の女犯

恵信尼はどういった出自であったのでしょうか。後に浄土真宗中興の祖となる蓮如の子、実悟《じつご》が作った「日野《ひの》一流系図《いちりゅうけいず》」によると、「兵部大輔《ひょうぶだいすけ》三善為教女《みよしためのりのむすめ》」とされています。三善為教の娘だというのです。善為は越後介《えちごのすけ》（越後国の次官のこと）であったとされ、親鸞が流された、あるいは赴いた越後国と関係します。

また、恵信尼の書状のなかには越後国の地名と思われるものが出てきますので、彼女は今日の上越市付近にいたものと推測されます。親鸞は越後でたまたま恵信尼と知り合い、結婚したのか、それとも恵信尼と結ばれたことで越後に赴いたのか、そこははっきりしませんが、恵信尼が越後と深く関係していることは間違いないでしょう。

さらに、親鸞には「壬生《みぶ》の女房」という女性がいました。この女性のことは親鸞の長男、もしくは次男とされる善鸞を、親鸞が義絶した際の「善鸞義絶状」に出てきます。この義絶状については親鸞の真筆が残っておらず、偽物だという説があり、真偽ははっきりしません。

義絶状のなかでは、壬生の女房が親鸞のもとへやってきて、善鸞からの手紙を見せたことが述べられています。そのとき親鸞はすでに京都に戻っており、善鸞を、かつて自分が活動していた東国に派遣していました。

善鸞は手紙のなかで、親鸞が「継母の尼」に惑わされたと訴えているが、親鸞はそれは善鸞の虚言であるとしています。壬生の女房を善鸞の実母と考えれば、彼女は親鸞の妻だったことになります。そして、継母の尼とは恵信尼をさすものと考えられます。

親鸞は、越後で恵信尼と結ばれ、7人の子どもを儲けたと言われます。ただし、越後に赴く前、京都で壬生の女房とすでに結婚していて、善鸞を儲けたとも考えられます。そして、京都に戻ると、壬生の女房との関係が復活した可能性が出てきます。

こうした親鸞の妻子との関係は史料も乏しく、論者によってとらえ方も異なっています。ただ、恵信尼と結婚していた事実は、書状の存在から揺るぎません。少なくとも、親鸞の女犯は事実として考えないわけにはいかないのです。

親鸞の妻帯が浄土真宗に与えた影響

では、親鸞の妻帯は「愛欲の広海に沈没」した結果なのでしょうか。はっきりしたことはわかりませんが、全体を通して見ると、親鸞は妻帯することによって罪意識を抱くようになったとは思えません。

それは当時、僧侶のあいだに女犯が広がり、破戒することに躊躇する必要がなかったからだとも言えます。第3章でふれたように、叡尊が興福寺の学侶の子として生まれたのは、親鸞が六角堂に籠もった年のことです。

ただ、ここで重要なのは、公然と妻帯するという親鸞の生き方が、後の浄土真宗のあり方、発展の仕方に決定的な影響を与えたということです。

親鸞が自らの死後について残したことばとして、「某（親鸞のこと）閉眼せば、賀茂河にいれて魚にあたふべし」というものがあります。これは覚如の『改邪鈔《がいじゃしょう》』に載せられていることばです。

ところが現実には、親鸞の遺言通りにことは運びませんでした。亡くなった親鸞は京都東山の西麓、鳥辺野《とりべの》の南のあたりにある延仁寺で火葬にふされました。鳥辺野は京都の埋葬地の一つです。そして親鸞の遺骨は鳥辺野の北、大谷に埋葬されました。鴨川には流されなかったのです。

しかも、死後10年が経った時点で、覚信尼と夫である小野宮禅念や門弟たちが、覚信尼夫婦が住んでいた西吉水の北の辺りに遺骨を移し、そこに草堂を建て、親鸞の影像を安置しました。これが親鸞の廟堂、大谷廟堂の成立に至る経緯です。

「親鸞伝絵」のうち、真宗高田派の本山である専修寺所蔵の「高田本」には、廟堂に石塔があり、それが柵で囲まれている様子が描かれています。真宗大谷派の本山である東本願寺が所蔵する「康永本」では、六角堂のなかに親鸞の座像が祀られています。ともに覚如が生きていた時代に作られたもので、前者のほうが古いものです。したがって、ただの石塔だったものが六角堂に発展したものと考えることができます。

宗教家の遺骨が神聖なものと見なされ、信仰の対象となるのは、釈迦の遺骨「仏舎利」に見られることですが、キリスト教の世界でも、聖人の遺骨は「聖遺物」として崇敬の対象になってきました。遺骨は、霊的な力を発するものと見ることができます。しかし、親鸞の場合と仏舎利や聖遺物とで異なるのは、その遺骨を祀った廟堂を、親鸞の子孫が守るようになったことです。

その際に、覚如が果たした役割が大きいのです。

覚如が曾祖父である親鸞の教えにはじめてふれたのは、善鸞の子で、幼少の頃に直接親鸞の教えに接したことがある如信《にょしん》が、活動を展開していた陸奥国から上洛した弘安10（1287）年のこととされます。翌年に覚如は、『歎異抄』を著した唯円にも学んだとされます。覚如が生まれたとき、すでに親鸞は亡くなっていました。

さらにその翌々年の正応3（1290）年、父の覚恵とともに東国にある親鸞の遺跡を巡拝する旅に出た覚如はその途中、相模国の余綾《よろぎ》山においてふたたび如信に会っています。

このように時系列を追って見ていくと、覚如は着々と親鸞の教えを学んでいったかのように思えます。しかしそれ以前の段階で、彼はすでに仏法について学んでいました。日本史の井上鋭夫は『本願寺』（講談社学術文庫）という著作で、その点について「彼は十三歳で山門の碩学宗澄《しゅうちょう》に天台を学び、翌年三井《みい》寺の浄珍《じょうちん》に、さらに興福寺一乗院門主信昭《しんしょう》についた」と述べています。さらに、東国から帰京した後には「阿日房彰空《あにちぼうしょうくう》から浄土宗西山派を、慈光寺勝縁《じこうじしょうえん》から幸西《こうさい》の一念義を、禅日房良海《ぜんにちぼうりょうかい》から長楽寺流を、自性房了然《じせいぼうりょうねん》から三論の教義を学んだ」というのです。

ここにあげられている教えの一々について詳しくは述べませんが、三論は南都六宗の教えであり、覚如はそれを含め、天台や浄土の教えを幅広く学んだことになります。

これは、学僧としては当然のことかもしれません。しかし、親鸞の教えという観点からすると、果たして幅広く学ぶことが必要なのかどうか、疑問とされるところでもあります。

それは、恵信尼の書状に記された出来事と関連します。

師の教えに背いたことを反省したはずが

これから述べる出来事が起こったのは、建保2（1214）年のことです。そのとき親鸞は42歳、恵信尼は33歳でした。

ただ、いささか複雑なのですが、それは、それから17年後の寛喜3（1231）年4月14日（なお、恵信尼は別の書状でそれが4月4日のことだったと訂正しています）のことが語られるなかに出てくるものです。恵信尼は書状を書いている時点から30年前のことを振り返り、そのなかでさらに親鸞が語った17年前の出来事にふれているわけです。

親鸞は寛喜3年に風邪を引き、伏せっていました。かなり熱もありました。すると伏せってから4日目に「今はさてあらん」と言い出しました。恵信尼がそれはうわごとかと尋ねると親鸞は否定し、伏せって2日目から、浄土宗で重視される浄土三部経の一つ『無量寿経』を読んでいるが、目を閉じると経典の文字がすべて見えてくると言い出しました。ところが、これは親鸞にとって納得できないことで、念仏の他にこころがけるべきことはないと思案してみると、建保2年のことに思い至ったというのです。

そのときは、世の人々を救おうと浄土三部経を千部読もうとしたが、ふとそれは「南無阿弥陀仏」の名号の他には何も必要ないと自分でも信じ、人にも勧めてきたことに反している。にもかかわらず経を読もうという気持ちが残っていたというのは、執心というか、自力のこころについては、よくよく気をつけてみなければならないと思い直して、それで経を読むのを止めたというのです。

親鸞の師である法然は専修念仏の教えを説き、極楽往生を果たすためにはひたすら念仏を唱える必要があり、他の行は一切不要だとしました。それでも親鸞は師の教えに反して経を読み、途中でその行為が間違っていると思い直したわけです。

覚如には『口伝鈔』という著作がありますが、そのなかに、これとは別の箇所ですが、恵信尼の書状が紹介されています。恵信尼が常陸国下妻の坂井の郷で見た夢の話です。この書状を引用しているということは、覚如は他の恵信尼の書状についても知っていたものと考えられます。それなのに覚如本人は、法然の勧めるひたすら念仏を唱える浄土門の教えだけではなく、さまざまな行を実践する聖道門《しょうどうもん》の教えを学ぶことにも積極的だったのです。

浄土真宗発展に果たした覚如の役割

こうして覚如は、曾祖父親鸞と同じ道をたどることになりました。親鸞が比叡山に登ってそこで学んだように、覚如もいったんは出家得度しています。覚如が出家得度したのは興福寺一乗院においてでした。その際には具足戒を授かったはずです。

ところがその後、覚如は親鸞と同様に妻帯しています。長子である存覚《ぞんかく》が正応3(1290)年に生まれていますから、それ以前に妻帯したことになります。そして永仁2(1294)年には親鸞の33回忌を期して、その遺徳を偲ぶ「報恩講」をはじめています。報恩講は今に伝わっており、それは浄土真宗における一番重要な年中行事になっています。

さらに覚如は翌永仁3年、先に紹介した「親鸞伝絵」を作っています。これは4幅の掛け軸となっており、それで親鸞の生涯が一望できるようになりました。浄土真宗の僧侶がそれを絵解きしていくのです。また覚如は正安3(1301)年に、法然の絵伝である「拾《しゅう》遺古徳伝《いことくでん》」も制作しています。

覚如の果たした役割についてはは注目されることが少ないですが、その業績は大きいと言えます。そして、覚如がたどった、既存の宗派、南都六宗や比叡山で出家得度し、妻帯して本願寺の法主《ほっす》になるというパターンが、その後の代々の法主に踏襲されることになるのです。

覚如の子である存覚は、覚如に2度も義絶されましたが、東大寺で出家受戒し、比叡山でも受戒しています。そして、法相宗《ほっそう》、天台宗、浄土宗の教えを学んだ上で妻帯しました。

本願寺4世となる善如《ぜんにょ》は京都の門跡寺院、青蓮院《しょうれんいん》で出家得度し、天台宗の教えを学んでいます。5世綽如《しゃくにょ》、6世巧如《ぎょうにょ》、7世存如《ぞんにょ》、さらには8世蓮如も同じ道をたどりました。それも、この時代の本願寺は青蓮院の末寺として、その保護下にあったからです。本願寺の法主が青蓮院で出家得度することは、明治時代まで続きました。

なぜ本願寺の法主がこのようなパターンをたどることになったのか、その理由は必ずしも明らかにされてはいません。他の宗派では、こうしたやり方がとられることはありませんでした。

なぜ浄土真宗の僧侶が妻帯を許されたのか

僧侶が妻帯することは女犯であり、破戒です。浄土真宗の代々の法主は、いったんは出家得度しているわけですから、途中で破戒したことになります。しかし、その点をとがめられることはなかったように見受けられます。青蓮院の保護下にあったことで、批判を免れたのでしょうか。

この点については研究の必要があると思われますが、浄土真宗の個々の僧侶になると、必ずしも法主のような道を歩んだわけではありません。浄土真宗の宗派が、僧侶として認めることで、僧籍を持つようになってきました。

しかし浄土真宗の僧侶の場合、そのために特別な修行をする必要はなく、その上、戒を授かるということもありません。その点は、浄土真宗では、死者に与えられる名を戒名とは言わず、「法名」と言うところに示されています。法名は、男性なら「釈○○」であり、女性なら「釈尼○○」です。

現在、浄土真宗の僧侶は僧服を身にまとっていたりもしますが、受戒せずその前段階にある剃髪がないため、有髪であることが多いのです。その点において、浄土真宗の僧侶は俗人に近いと言えます。親鸞の述べた非僧非俗の現代的な表れとして見ることができるかもしれません。

そして親鸞が妻帯し、子どもを儲けたことは、浄土真宗を発展させる上で大きな役割を果たすことになります。それはとくに、中興の祖と言われる蓮如に関係してくることです。

蓮如が法主となっていた寛正6（1465）年、大谷にあった本願寺は、比叡山の宗徒の襲撃を受けます。石田瑞麿はこの事件について、「本願寺は叡山西塔院《えいざんさいとういん》の末寺であったから、要するに礼銭を強要されたのである」と述べています（前掲『日本仏教史』）。

そのため、蓮如は越前の吉崎に拠点を移します。「吉崎御坊」の成立です。石田は、その地における蓮如の布教は成功を収め、「宗教都市の観さえ呈するに至った吉崎の殷賑《いんしん》は異常」であったとしています。

蓮如も、代々の法主の例にならう形でいったんは出家得度したものの、妻帯し、法主の地位に就いています。第1子の順如《じゅんにょ》が生まれたのは嘉吉2（1442）年のことでした。相手は下総守平貞房の娘の如了《にょりょう》であるとされます。如了とのあいだには、全部で4人の男子と3人の女子が生まれています。

ただ、生活はかなり苦しかったようで、順如以外の子どもたちは里子に出され、禅寺で給仕を行う喝食《かっしき》などとして預けられています。それでも、こうした子どもたちは、男子の場合には後に寺の開基となり、女子は寺に嫁いだり、尼の弟子になったりしています。

妻の如了は康正元（1455）年に亡くなっています。すると蓮如は、如了の実の妹だった蓮祐《れんゆう》と結婚し、彼女とのあいだにも10人の子どもが生まれています。そのうち2人は早逝していますが、最初に生まれた実如《じつにょ》は後に本願寺9世となり、他の男子はやはり開基となっています。女子も寺などに嫁いでいます。

蓮如は、蓮祐とも死別し、その後さらに3度結婚しています。みな死別によるものです。そのたびに子どもが生まれ、5回の結婚で13人の男子と、14人の女子を儲けています。全部で27人ということになりますが、驚異的なのは、このうち早逝したのがわずか2人だけだったということです。

蓮如は決して妾を作ったわけではありません。すべて死別によって結婚を繰り返しています。そして、ほとんどの子どもたちが成長し、男子は寺の開基となり、女子は寺などに嫁いだり、尼になったりしています。これによって、浄土真宗はネットワークを広げることになりました。蓮如以降、浄土真宗が拡大していく上で、このことは重要な意味を持ったはずです。少なくとも、他の宗派では同様の事例は起こっていませんし、起こりようがありません。

蓮如が5番目の夫人、蓮能とのあいだに儲けた最初の子どもは、13女となる妙祐《みょうゆう》で文明19（1487）年の生まれでした。その時、蓮如は72歳。そして、最後の子どもは13男の実従《じつじゅう》で明応7（1498）年の生まれです。蓮如が亡くなるのは翌年のことで、84歳になっていました。つまり、蓮如が最後に子どもを儲けたのは83歳だったことになります。

妻が次々と亡くなったことと、蓮如が高齢になっても性的な能力を失わなかったことが、浄土真宗を巨大教団へ押し上げていく要因となったと言えるのではないでしょうか。

蓮如が長生きしていれば、そして、蓮如が性において淡白であったとすれば、事態はまるで違うものになっていたに違いありません。蓮如は、その性の力によって浄土真宗中興の祖となったのです。

妻帯の背景にあった膨大な財力と権力

それにしても、こうした浄土真宗のあり方が、僧侶の世界に対して戒律の重視を求めた江戸幕府のもとで許されたというのは不思議な話です。江戸時代には、すでに第3章で述べたように、幕府の政策に対応する形で浄土真宗以外の各宗派では戒律の復興運動が進められました。

その際にふれた大澤絢子「浄土真宗の『妻帯の宗風』はいかに確立したか」という論文においては、次のように述べられています。

江戸幕府のもとで、僧侶の妻帯や女犯は禁じられ、厳罰に処せられました。ところが、浄土真宗に対しては妻帯が許され、処罰の対象外におかれていました。それは、浄土真宗では妻帯が「宗風」とされていたからだというのです。

寛文5（1665）年7月11日、江戸幕府は「諸宗寺院法度《しょしゅうじいんはっと》」を出しました。それは将軍の朱印状の形をとる定9ヵ条と、老中が連署した下知状《げじ》の形をとる条々5ヵ条からなっていますが、条々5ヵ条最後の5条では「他人者勿論、親類之好雖レ有レ之、寺院坊舎女人不レ可レ抱二置之一、但、有来妻帯者可レ為二各別一事」と述べられていました。たとえ親類であっても寺に女性を泊め置いてはならないが、妻帯している者は例外、というのです。浄土真宗の場合には、すでに妻帯しているわけで、この例外にあたるということになります。

先に述べたように、鎌倉時代から作られるようになる「親鸞伝絵」など、親鸞の生涯をつづった絵伝には、親鸞が妻帯したことはふれられていません。ところが江戸時代に作られた親鸞伝になると、親鸞の妻帯についての記述が含まれるようになります。それによって、妻帯の宗風が確立されていたことを強調しようとしたのです。ただし、その際の妻帯の相手は恵信尼ではなく、玉日の宮のほうでした。

第3章でも少しふれましたが、中世の日本社会においては寺社勢力が強大な力を誇っていました。それは、朝廷や武家と拮抗する関係にあり、その代表が南都《なんと》北嶺《ほくれい》と呼ばれた興福寺と延暦寺でした。寺社勢力は広大な領地を持ち、僧兵などが武装していました。

浄土真宗もその勢力を拡大していくなかで、「一向宗」という新たな寺社勢力として台頭し、織田信長とは長期にわたって石山合戦をくり広げました。戦国時代以降の本願寺は全国に「門徒」と呼ばれる信者を抱え、多くの寄進を集め、加賀国を支配していました。したがって膨大な財力と権力を有し、公家や武家とも密接な関係を結びました。そして、応仁の乱以降窮乏がはなはだしかった朝廷や、本山である青蓮院を経済的に支えました。

その結果、国宝にも指定されている『三十六人家集』などを賜り、さらに門跡寺院に加えられました（千葉乗隆「西本願寺の歴史と文化財」『西本願寺展――御影堂平成大修復事業記念』図録、東京国立博物館）。明治になって親鸞の血を受け継ぐ大谷家が華族に叙せられたのも、そうしたことが背景にあったからです。

あるいは、浄土真宗の僧侶の妻帯が許されたのも、教団の経済力があったからかもしれません。

浄土真宗は僧侶の妻帯という面で特殊だったわけですが、中世に仏教と習合した神道の場合はどうだったのでしょうか。次は神道における性について論じます。

第８章　神道に性のタブーはないのか

――日本独特の道徳観と系譜

性に対して三者三様だった民俗学の泰斗

日本の民俗学の創始者といえば、柳田國男です。

柳田は若い頃には詩を書く文学青年でしたが、東京帝国大学で農政学を学び、農商務省の官吏となって、その方面で活躍しました。

柳田の父、松岡操は本居宣長や平田篤胤といった国学者に傾倒し、神官として神道の研究を行っていました。柳田は、この父に影響されたこともあり、また、官吏として各地の農村を訪れるなか、民俗学の研究を志すようになっていきます。

柳田が対象とした民俗社会において、その習俗を探っていけば必ずや性の問題が浮上してきます。ところが柳田は、生涯にわたってその方面に関心を抱くことはありませんでした。また、天皇ややくざに対しても関心を向けませんでした。

同じ民俗学の開拓者としては南方熊楠《みなかたくまぐす》がいます。熊楠は柳田とも深くかかわりましたが、性の文化にも強い関心を持ち、若い頃には少年たちと同衾《どうじょく》した経験を持っていました。ただし、40歳になってから女性と結婚しています。熊楠は、そうした自らの性生活の影響でしょうか、同性愛や両性具有に強い関心を持っていました（安藤礼二『近代論――危機の時代のアルシーヴ』NTT出版）。

熊楠は「ロンドン私記――在英日本公使館宛珍状」という文章を残していますが、そこには男性との赤裸々な体験がつづられています。相手は羽山蕃次郎という人物で、学校の後輩にあたります。

それは正月休みの寄宿舎でのことでした。他の学生たちが帰郷したなか、蕃次郎が残っていて、炬燵で幾何学を勉強していました。その後ろ姿を見た熊楠は激しく勃起し、蕃次郎に抱きつきました。すると、蕃次郎の陰茎も立っていました。そこで熊楠は「一生此恩は忘れぬ」と言いながら、自らのものを蕃次郎の肛門に「グッと入れ、半時間斗《ばか》り休めては腰つかひ、又休めてはつかひ、終《つい》に阿呆になるほど気をやつた」というのです（南方熊楠『珍事評論』長谷川興蔵・武内善信校訂、平凡社）。

このように、熊楠の場合には男性とも交わり、女性とも交わったわけですが、もっぱら男性と交わったのが、初期の民俗学者を代表するもう一人の人物、折口信夫《おりくちしのぶ》でした。

折口信夫の性生活

3人のなかでは熊楠がもっとも年長で、その試みが柳田に影響を与える一方、熊楠は柳田から資金援助を受けています。これに対し、折口はもっとも年少で、柳田を師と仰いでいました。民俗学者であるとともに国文学者であり、また、釈迢空《しゃくちょうくう》と号した歌人でもあった折口は、熊楠とは異なり、生涯女性とは結婚しなかったものの、養子となった藤井（折口）春洋《はるみ》とは18年間生活をともにしています。

その折口の性生活について記されているのが、弟子の加藤守雄による『わが師　折口信夫』（朝日文庫）です。この本は最初、１９６７年に文藝春秋から単行本として刊行されています。

加藤は１９４４年に折口の家に同居しました。弟子が師の自宅に書生として同居すること自体は、その時代、決して珍しいことではありません。加藤は同性愛者ではありませんでしたが、折口はその加藤に同衾《どうきん》を迫ってきたといいます。

『わが師　折口信夫』には、折口が加藤にくり返し同衾を迫るようになる直前の夜のことについて、次のように記されています。文中の「先生」は折口のことです。

> 先生は奇妙なことをはじめた。押入れから、紐をとり出すと、部屋の鴨居から鴨居へ掛け渡した。そして、階下から持って来た、ぬれた布きれをその紐に垂らした。一尺に三尺ほどの、黒い絹の切れだ。腰巻にしては短く、腹巻にしては幅が広い。その中間の用を足すものらしい。下につけるものだから、人目につかぬように、自分で洗って、こんな所へ干していられるのだろう。

これを床のなかから見上げた加藤は「ぞっとした」と言い、次のように想像をめぐらします。

この絹の布を黒く染め上げたのも、先生自身に違いない。私は、これまで先生がそんなものを身に着けていられるとは知らなかったし、干してあるのを見たこともなかった。今、それが、私の頭の上に張り渡されている。まるで、呪術師が、秘密の祭儀のための、祭壇を用意しているような感じがする。

そのときは格別何も起こらなかったようですが、数日後、折口は加藤のからだを蒲団の上から抱きすくめるようにしてゆさぶり、「ぼくの言うことを聞くか。聞くか」と迫りました。

しかも、その振る舞いは次第に露骨なものになっていきました。「森蘭丸は織田信長に愛されたということで、歴史に名が残った。君だって、折口信夫に愛された男として、名前が残ればいいではないか」と口説くようなことさえありました。その1ヵ月後、加藤は折口のもとから逃げ出してしまいます。

ふんどしの意味と役割

いくら折口の弟子になったからといって、同性愛の傾向がなければ、折口の誘いに乗ることは難しいでしょう。それにしても、森蘭丸の例を持ち出すのは、あまりに強引なやり方です。

折口は、ふんどしを自らの手で黒く染め上げ、それを身につけていたわけですが、1927年の9月と12月に『日光』（第5巻第1・2号）という雑誌に掲載された「古代民謡の研究」という論文で、ふんどしについて次のような形でふれていました。

我々の間に段々行はれなくなつて来たふんどしは、実は物忌みの間、貞操帯の様な役をした物であらう。どう言ふ風にするか想像出来ぬが、しるしなる物を堅く結んであつたと見える。其を解きほぐしてやるのは長老の権力で、さなぶり後の一夜だけであつたらう。次の期の神事の物忌みまでは、褌《はかま》をはく事を許したものと見てよからう。

ふんどしは、たんに陰部を覆い隠すだけではなく、貞操帯の役割を果たしていたのだというのです。さなぶりとは「早苗饗」という漢字をあてるもので、田植えを終えた後の宴を意味します。こうした宴は無礼講となり、夜這いが行われると言われますが、長老の権力でふんどしを解くというのは、性行為に及ぶのを許すという意味でしょう。

折口はこれに続けて、「其故、若い衆入りに、ふんどしを緊めて、初めて若衆宿に挨拶に行くもあり、氏神へ詣るのもあるのだ。神人としての物忌み初めのしきたりであつたのだ。此が段々受戒者の誇りとなつて、常にも自ら緊めて、自由に解きもし、ふもだしとしての厳しい束縛を段々緩く、自由にして行つたのだ」と述べています。

ここに出てくる「ふもだし」とは、「絆」という漢字をあてるもので、ふんどしを意味します。それと同時にこの語には、馬が放《はな》れないよう足をつなぎとめておく綱の類の意味もあります。折口は、ふんどしもふもだしも、どちらも束縛する役割を果たしていると見ているわけです。

折口が同じ頃に執筆した論文に、ふんどしとふもだしのことが出てくるものがあります。その論文は今日でも極めて重要な意味を持っており、折口の代表作の一つです。

折口は「古代民謡の研究」を書いた翌年の1928年6月に信濃教育会東部部会で講演を行い、その記録は1930年に刊行された折口の著作『古代研究　第一部　民俗学篇第二』（大岡山書店）に「大嘗祭の本義」として収録されました。

大嘗祭は天皇の即位儀礼ですが、1928年11月、昭和天皇の大嘗祭が京都で行われています。「大嘗祭の本義」のもとになった講演はそれに先立って行われたもので、民俗学の立場から大嘗祭の本質を明らかにしようとした試みです。折口は講演の冒頭で、「実は今までの神道家の考へ方では、大嘗祭はよく訣《わか》らぬ。民俗学の立場から、此を明らかにして見たい」と、民俗学者としての意欲を示していました。

この時代には、不敬罪と治安維持法が存在しました。不敬罪は天皇や皇族、そして皇祖神を祀る伊勢神宮、あるいは天皇稜に対する不敬な行為を処罰するものでした。治安維持法は国体の変革、つまり天皇制を打倒したり、それを否定したりする行為を厳罰に処すものでした。

したがって折口の試みは相当に大胆で、また、危険なものでした。そのことを踏まえ、折口は「或は不謹慎の様に受け取られる部分があるかも知れない」と断っていました。なにしろ、「大嘗祭の本義」では天皇の性生活にふれているからです。

この「大嘗祭の本義」については、最近、拙著『大和魂のゆくえ』（集英社インターナショナル新書）や『日本の宗教と政治』（千倉書房）でふれましたが、今回、折口は、あることに関して、はっきりしたことを述べず、曖昧な形で言及していたように思えてきました。ここでは、それを中心に述べてみたいと思います。

奈良時代に忘れられていた習わし

折口は「大嘗祭の本義」のなかでも、「古代民謡の研究」と同様、ふんどしとふもだしのことについてふれています。「ふんどしは、ふもだし・ほだし・しりがひ・おもがひ・とりがひなどゝ同一なもので、又たぶさき・たぶさくなどいふ語も、同一である。たぶさくとは、またふさぐといふ事で、着物の後の方の裾を、股をくゞらして前の方に引き上げて、猿股みたいにする事で、子どもの遊戯にも、今日は廿五日の尻たくり、といつて、此形をする」とし、それに続けて「元来は、人間のふんどしも、馬のふもだしも同一任務のもので、或霊力を発散させぬやうに、制御しておくものである」と、独自の考え方を披露しています。

折口は、物忌みの期間が過ぎると、ふんどしを取り避けることになると述べ、さらに「事実朝廷の行事に見ても、物忌みの後、湯殿の中で、天の羽衣をとり外して、そこで神格を得て自由になられ、性欲も解放されて、女に触れても、穢れではない様になられる」としています。

天の羽衣は、天皇が禊《みそぎ》をするときに身につけるものです。そこにふんどしが含まれるかどうか、折口の説明でははっきりしませんが、ふんどしは下紐とも言います。その紐を解いたことで天皇は本当の神格になり、「第一に媾《あ》はれるのが、此紐をといた女である」とするのです。そして、その女は后になるのですが、そうした習わしは奈良時代にはすでに忘れられていたとも述べています。

ふんどしが貞操帯の役割を果たしているとするなら、それを取り避けることは、性交の準備が整ったことを意味します。

大嘗宮に敷かれている褥に注目

大嘗祭の儀式が行われるのは大嘗宮です。それは悠紀殿《ゆきでん》と主基殿《すき》の二つに分かれており、二つの殿舎では同じ儀式がくり返されます。その儀式に臨むにあたって天皇は禊を行いますが、それを行うのが廻立殿《かいりゅう》という建物です。

大嘗祭において一番問題になってくるのが、悠紀殿と主基殿に敷かれている褥《しとね》の存在で、折口がとくに注目したのもそれでした。

大嘗宮で行われる儀式の中心は、「神饌行立《しんせんぎょうりゅう》」と呼ばれるものです。大嘗祭を行うにあたっては、稲を育て、その新穀と、そこから作られた酒を神と天皇が共食することになります。天皇の御座と神座は端のほうにおかれ、中央の部分を占めているのが褥です。そこには、幾重にも敷物を敷く八重畳と坂枕が置かれ、寝具である衾《ふすま》と着物の単《ひとえ》が掛けてあります。

これは、現代風に言えば、さしずめホテルの部屋です。シングルやダブルの部屋だと中央にベッドがあり、その脇には小さな机と椅子がおかれています。大嘗宮は、ちょうどそのような空間なのです。

最近の神道学の世界では、大嘗祭において重要なのはあくまで神饌行立であるという論調が目立ちます（たとえば、國學院大學博物館で開かれた「企画展大嘗祭」図録）。

しかし、折口は、むしろ褥で行われていた神事を重視し、次のように述べていました。

　大嘗祭の時の、悠紀・主基両殿の中には、ちやんと御寝所が設けられてあつて、蓐《しとね》・衾がある。褥を置いて、掛け布団や、枕も備へられてある。此は、日の皇子となられる御方が、資格完成の為に、此御寝所に引き籠つて、深い御物忌みをなされる場所である。実に、重大なる鎮魂《みたまふり》の行事である。此処に設けられて居る衾は、魂が身体へ這入るまで、引籠つて居る為のものである。

「延喜式」に記されていること

大嘗祭の式次第については、872年から877年の間に成立した「貞観儀式《じょうがんぎしき》」や、927年に成立した「延喜式《えんぎしき》」に記されています。どちらも、実際に儀式を営むためのマニユアルとしての性格を持っていました。そうしたものを見ると、大嘗宮には「衾」が敷かれているとされています。

折口はこの衾について、次のように述べていました。

　日本紀の神代の巻を見ると、此布団の事を、真《ま》床襲衾《どこおふすま》と申して居る。彼のににぎの尊《みこと》が天降《あまくだ》りせられる時には、此を被つて居られた。此真床襲衾こそ、大嘗祭の褥裳を考へるよすがともなり、皇太子《ひつぎのみこ》の物忌みの生活を考へるよすがともなる。物忌みの期間中、外の日を避ける為にかぶるものが、真床襲衾である。此を取り除いた時に、完全な天子様となるのである。

「貞観儀式」や「延喜式」では、衾が真床襲衾であるとは書かれていません。衾を真床襲衾とするのは、あくまで折口の解釈です。

真床襲衾については折口が言うように、『日本書紀』の本文に出てきます。それは天孫降臨の場面においてで、「高皇産霊尊《たかみむすびのみこと》、真床追衾を以て、皇孫天津《あまつ》彦彦火瓊瓊《ひこひこほのにに》杵尊《ぎのみこと》に覆ひて、降《あまくだ》りまさしむ」とあります。高皇産霊尊は、天照大神《あまてらすおおみかみ》の孫にあたる瓊瓊杵尊を真床襲衾で包んで天降りさせたというのです。

折口の言うように、大嘗宮の衾が真床襲衾であるとすれば、そこに引き籠もることで天皇は皇孫である瓊瓊杵尊と一体化することになります。

折口はこの議論を進める際、「天皇霊」という考え方を持ち出します。天皇霊ということばは『日本書紀』の敏達《びだつ》天皇の条に出てくるものですが、折口は、天皇の身体というものは、天皇霊を宿す器であり、それを宿すために、新しい天皇は真床襲衾に籠もるのだと主張しているのです。

支配者と祭祀王としての性格

折口はこの説を主張する際に、出雲国造《いずもこくそう》のことを引き合いに出しています。出雲国造は出雲大社の神職ですが、古代においては出雲国の支配者でもありました。その点では世界各地に見られる「祭祀王」の一つであることになりますが、天皇もまた、支配者であると同時に祭祀を司る祭祀王としての性格を持っていました。それは今日、天皇が国事行為を行うとともに、宮中祭祀を営むという点に受け継がれています。

出雲国造の場合には、前の国造が亡くなると、新しい国造は古代から伝えられる火燧臼《ひきりうす》と火燧杵《ひきりぎね》を持って、出雲大社の東にある熊野大社へ向かいます。そこにある鑚火殿《さんかでん》で、その臼と杵を使って火を鑚《き》り出し、それを持ち帰ります。持ち帰った火は国造の屋敷のなかにある「斎火殿《さいかでん》（お火所《ひどころ》）」で灯し続け、その火を用いて自らの食事を整えるのです（昔国造は、そうした生活を生涯にわたって続けたが、明治以降は、それは祭祀を行う日だけに限定されるようになりました）。

国造の代替わりの際に重要なのはこの火であり、それは国造の魂と見なされます。したがって亡くなった国造の遺体は重視されず、昔は近くの池に水葬され、葬儀は行われませんでした。折口はこの「火継式《ひつぎ》」と呼ばれる儀式と大嘗祭とが共通したものであるととらえ、天皇霊の継承に決定的な重要性を見出したのです。

仮に折口説が正しく、本来、天皇は大嘗祭において真床襲衾に引き籠もるのだとすれば、では、新しい天皇はどうやって天皇霊を受け継ぐことになるのでしょうか。衾に包まることが物忌みだとして、ただそれだけで霊の継承はかなうものなのでしょうか。

衾の本来の役割は、そこに包《くる》まって眠ることです。衾は寝具です。だがそこは、性行為を行う場でもあります。折口は、禊を行った天皇は性欲を解放され、ふんどしの紐を解いた女性と結ばれると述べました。ただ、その交わりがどこで行われるかは述べていません。それが、禊の場である廻立殿で行われるとは考えられません。もし、そうした行為に及ぶとしたら、大嘗宮の衾がもっともふさわしいのではないでしょうか。

沓が意味するもの

「聖婚《ヒエロス・ガモス》」という概念があります。これは、世界各地に存在するもので、男女の神のあいだでの結婚、あるいは、神と人との結婚を意味します。また、古代には神殿娼婦というものも存在したとされます。それは、神殿の巫女が宗教上の儀式として売春を行うものです。

折口は、禊を終えた天皇が、下紐を解いた女性と結ばれると述べていたことからすれば、大嘗祭において聖婚が行われた可能性が想定されているのではないでしょうか。しかし当時の風潮から考えて、それはあまりに大胆で、不敬とも受け取られかねない説になります。だからこそ折口は、聖婚についてははっきりとは述べなかったのかもしれません。禊を行った天皇が、下紐を解いた女性と結ばれるとしている箇所と、大嘗宮で天皇が衾に引き籠もると述べた箇所とが、どのように関係するのか、折口は明言していません。その分、「大嘗祭の本義」の議論には、曖昧さがつきまとっています。

ただ、天皇が衾に包まって、その下紐を解いた女性と交わったとしても、天皇霊を受け継ぐことにはなりません。女性は、天皇霊とは無縁な存在だからです。

そこで一つ注目されるのが、衾の前におかれた沓《くつ》の存在です。沓は八重畳に対して後ろ向きに揃えてあり、沓を履いてきた人物がそこで沓を脱いで、衾に入ったかのような形になっています。

天皇が大嘗祭において履くものは、「御召緒太《おめぶと》」と呼ばれる特殊な草履です。明治天皇の大嘗祭で用いられたものは、現在、都立日比谷高校の資料館で展示されています。

沓に関しては「延喜式」などに記載がないので、あるいは後世になって付加されたものかもしれません。けれども、沓は男性が履くもので、それを神が履いてきたものだとすれば、その神は男神であることになります。真床襲衾に包まれた男神となれば瓊瓊杵尊になります。天皇は瓊瓊杵尊とともに真床襲衾に包まれ、それで天皇霊を受け継ぐことになるのでしょうか。もしそうであるなら、新しい天皇は瓊瓊杵尊との男色によって天皇霊を受け継ぐことになってきます。

折口は弟子の加藤に迫るとき、蒲団の上から抱きすくめました。加藤が折口の家に同居した時点で、「大嘗祭の本義」はすでに執筆されていました。弟子に同衾を迫ったとき、はたして折口の脳裏に真床襲衾のことが浮かんでいたのでしょうか。

大嘗祭で、天皇と巫女との間に聖婚が行われたという説自体、相当にスキャンダラスなものです。

しかも、神との男色となれば、よりスキャンダラスです。しかし、たんに真床襲衾に引き籠もったとしても、天皇霊が引き継がれるとも思えません。男色として聖婚を考えてみることに価値がないとは言えないのかもしれないのです。

大嘗祭が221年間中断して失われた秘伝

『日本書紀』では、天武天皇2（673）年12月5日の条に、大嘗祭に奉仕した中臣忌部《いんべ》ならびに神官に対して禄を下賜したという記述があり、天武天皇が即位した際に、大嘗祭が営まれた可能性があります。そして、次の持統天皇5（691）年の条では「十一月戊辰、大嘗」と記されています。このとき、神祇伯中臣朝臣大嶋が天神の寿詞を読んだとされ、大規模な饗宴が行われたとされています。

それ以降、新しい天皇が即位するごとに大嘗祭が営まれたものと思われますが、文正元（1466）年に後土御門《ごつちみかど》天皇の大嘗祭は行われたものの、翌年に応仁の乱が勃発したため、大嘗祭は江戸時代になるまで221年間中断してしまいます。

大嘗祭の式次第については「貞観儀式」や「延喜式」に記されていますが、秘伝とされた部分も多くあります。それを補ったのが、平安時代後期の公家だった大江匡房《おおえのまさふさ》が有職故実について記した『江家次第《ごうけしだい》』でした。

それでも、そこにすべてが記されていたというわけではありません。中断してしまい、しかもそれが長期にわたったことで、大嘗祭についての秘伝、口伝が失われた可能性が考えられます。少なくとも、古代の大嘗祭がそのまま現代に受け継がれているとは言えません。だからこそ、折口が大胆な仮説を立てる余地があったとも言えます。そして、折口説が定説のような扱いを受けてきたのも、残された史料だけからは、大嘗祭の本質がつかみにくいからでしょう。

大嘗祭の代わりに行われた「即位灌頂」

大嘗祭が中断されていたあいだ、その代わりを果たしたのが「即位灌頂」でした。

即位灌頂は実質的に、第89代の後深草天皇からはじまると考えられます。後深草天皇が即位したのは寛元4(1246)年のことで、大嘗祭も営んでいます。

灌頂とは密教の儀式です。もともとはインドで国王が即位するとき、あるいは立太子の際に行われたもので、水が頭の頂きに注がれます。日本では天皇の即位式において、公家の二条家の人間が天皇に対して印相と真言を伝授し、天皇は式のなかでそれを実践するのが即位灌頂でした。

日本に密教が本格的に取り入れられたのは平安時代のことで、最澄や空海の手によって中国から伝えられました。密教といえば、すぐに空海の名前が思い浮かびますが、すでに述べたように、最澄も中国で天台教学について学んだ後、密教を学んでいます。日本で最初の灌頂を行ったのも最澄でした。その時点で、空海はまだ帰国していませんでした。

その後、帰国した空海が本格的に密教を日本に紹介したことで、俄然注目を集め、密教は日本の宗教界を席捲することになります。即位灌頂が行われるようになるのも、密教がさまざまな利益を与えてくれる強力な信仰として期待されたからです。ただ、第5章でふれたように、ヒンドゥー教の性力についての信仰を取り込んだ後期密教は、結局のところ日本には入ってきませんでした。

もし、そうした信仰が入ってきて即位灌頂とも結びつけられ、それが大嘗祭にも影響したとしたら、大嘗宮での儀式は、折口がより強い関心を抱くようなものに変貌していたかもしれません。大嘗祭の祭祀は、性と深く結びついていた可能性が考えられるのです。

神道は宗教か「国家の宗祀」か

大嘗祭のような儀式を実践する神道を宗教としてとらえていいのか。それは昔から議論されてきたことです。

宗教については、創唱者のいる創唱宗教と、それがいない自然宗教に分ける見方が有力で、創唱宗教は民族の枠を越えて広がるところから世界宗教とも呼ばれます。一方で、自然宗教は特定の民族に限定される傾向が強く、民族宗教とも言われます。神道を宗教としてとらえるなら、創唱者がいないことからして、自然宗教、民族宗教ということになります。

創唱者が不在ということは、教えがないことを意味します。教えを説く人間がいないからです。そうなると、教えを書き記した教典、聖典も存在しません。

神道では、仏教の影響を受け、やがて教義が作られるようにもなりますが、一般の神社神道の場合、教義が存在しないところに特徴があります。教義がないということは、救いの手立てがないということでもあり、また、教団も成立しません。私はこうしたことを踏まえ、神道を「ない宗教」と呼んできました（詳しくは、拙著『神道はなぜ教えがないのか』ワニ文庫を参照）。

教えがないことが特徴なら、神道は果たして宗教と言えるのでしょうか。当然、そうした疑問が湧いてきます。事実、戦前において、神道は「国家の宗祀」と位置づけられ、宗教の枠から外されていました。

この本で論じてきたことに関連させるなら、教えがないということは戒律がないということを意味します。誰も戒めを授けたりしないし、教団が不在である以上、罰則規定を含む律は成り立ちようがありません。

穢れを避け死や血を畏れる神道

戒律がなければ、性が規制されることもありません。ただ神道では、古来から穢れを避けることが伝統となってきました。穢れの代表が死であり血です。血はお産や月経にかかわり、その点で女性と深く関係します。そうした見方は、今日では差別的と見なされますが、死や血を畏れる感覚は神道に強くあります。

そうした穢れを祓うために行われるのが禊なのですが、天皇が大嘗宮での儀式に臨むにあたって廻立殿で禊をするのも、神と相対するには穢れを祓うことが不可欠とされているからです。

穢れは、神社や、大嘗宮など祭祀が行われる空間では避けるべきものとされますが、日常生活のなかではことさら問題にされることはありません。したがって、性が規制されることもありません。

『古事記』には、天岩戸《あまのいわと》に隠れてしまった天照大神を外に出すために、天宇受売命《あまのうずめのみこと》がストリップまがいの行為をする場面が出てきます。あるいは、伊邪那岐命《いざなぎのみこと》と伊邪那美命《いざなみのみこと》による「国産み」の場面は、性行為が行われたかのように描かれています。記紀神話には性を禁忌とするような感覚はまったく見られません。それは、原罪の観念を生み出すことになるアダムとエバの物語とは根本的に異なっています。日本の神話は、その点でギリシア神話に近いのです。ギリシア神話に登場する神々は、旺盛な性欲を示しています。
それは、同性愛についても言えます。

日本社会に見られた同性愛の系譜

キリスト教では、パウロによる「コリント人への第一の手紙」6章9~10節に、「不品行な者、偶像を礼拝する者、姦淫をする者、男娼となる者、男色をする者、盗む者、貪欲な者、酒に酔う者、そしる者、略奪する者は、いずれも神の国をつぐことはないのである」とあり、男色をする者は神の国を継ぐことができないとされています。したがってキリスト教において、同性愛は否定されています。

イスラム教においても同性愛は否定されています。『コーラン』には男色を行うルートの民が登場しますが、彼らについては「まことにおまえたちは女を差し置いて欲望から男の許に赴く。いや、おまえたちは度を越した民である」と述べられています(7章81節)。ルートの民の男色については、他の箇所でも、神はそれを批判しています。

キリスト教やイスラム教が広がる以前の時代においては、同性愛は禁忌の対象になっていませんでした。たとえば、古代ギリシアにおいては「パイデラスティア」と呼ばれる少年愛が実践されていました。

これに類する傾向は日本社会でも見られたことで、武士の社会では「衆道《しゅどう》」が実践されていました。それは主君とその配下、小姓などとのあいだでの関係であり、そうした関係があるからこそ、家臣は主君に忠誠を尽くしました。そして主君が亡くなったとき、衆道の関係にあった家臣は殉死することが美徳とされていたのです。

佐賀藩の藩士、山本常朝の『葉隠』といえば、「武士道と云ふは、死ぬ事と見付けたり」のことばが名高い一方、「恋の至極は忍恋《しのぶこい》と見立て候、逢ひてからは恋のたけが低し、一生忍んで思ひ死する事こそ恋の本意なれ」という箇所があります。ここでの恋は、男女のあいだのものではなく、男同士の関係をさしています。

このような関係は、女犯が禁じられた僧侶の世界にも存在しました。僧侶と修行途中の少年僧である稚児が男色をすることは当たり前のように行われていました。

同性愛は江戸時代の町人にも見られたもので、井原西鶴の『好色一代男』では「たはぶれし女三千七百四十二人。少人（少年）のもてあそび七百二十五人」と述べられています。主人公の世之介は両刀使いとして描かれていたのです。

そうした男性同士の関係が禁忌となるのは、明治時代に入ってキリスト教文化が取り入れられてからです。明治６（１８７３）年に制定された刑法の前身、改定律例には鶏姦罪の規定がありました。これは、明治13（１８８０）年に公布された旧刑法では削除されていますが、同性愛を禁じたものでした。

折口信夫と同居していた加藤守雄は、あるとき、柳田から「加藤君、牝鶏になっちゃいけませんよ」と忠告されたことを、『わが師　折口信夫』で述べています。しかもそれは、折口が一緒にいたときのことです。柳田のことばを聞いた折口の表情は「みるみる蒼白になった」といいます。そして折口は「柳田先生のおっしゃった意味が、わからない」と悲しそうに首をふったといいます。柳田は、折口が鶏姦に及ぶことを否定したのです。

本居宣長が見出した日本独特の道徳観

本居宣長や平田篤胤の国学の試みを評価し、自らの民俗学を「新国学」とも称していた柳田は、戦後すぐに刊行した『先祖の話』のなかで日本人の先祖崇拝について説明を試みていますが、そこには明らかに篤胤の影響がありました。

宣長はその時代にはすでに読めなくなっていた『古事記』の読解を行い、それは『古事記伝』にまとめられましたが、それ以前は『源氏物語』の研究を行っていました。宣長はそこから「もののあわれ」という考え方を導き出すのですが、この物語は、主人公である光源氏の奔放な女性関係を扱ったものです。

しかも、父である帝の寵愛を受けた藤壺と関係を結び、子までなしてしまいます。禁断の密通の事実は発覚しなかったものの、後に、娶った女三宮に裏切られ、やはり子まで産まれてしまいます。源氏は、そこに罪の報いを見出すことになるのですが、宣長はそうした物語のなかに、日本人に独特な情緒として「もののあわれ」を見出していくのです。

ここで一つポイントになるのが、『源氏物語』に描かれた奔放な性の関係を、宣長は倫理道徳の立場から批判したり糾弾していないことです。恋のこころが生じたならば、それがどういう方向にむかおうと、それは仕方がない。「せんかたなし」というのは宣長が頻繁に使った言い回しですが、そこに人間の性欲の発露を抑制しようという方向性を見出すことはできません。そうした心性は、近代以前の日本人全体に共通したもので、現代にまで受け継がれている面もあるように思われます。そこがキリスト教とは異なるのです。

最後となる次の章では、こうした奔放さとは真逆ともいえる、キリスト教における処女の神聖視について見ていくことにしましょう。さらにそれはイスラム教とも関わってきます。

第９章　なぜ処女は神聖視されるのか

——マリアとスンナに見るその意味

キリスト教美術に描かれた受胎告知

古今東西、宗教の世界はスキャンダルに満ちています。

そのなかでも、もっともスキャンダラスな出来事といえば、マリアによるイエス・キリストの受胎でしょう。

なにしろ、マリアは婚約中の身でありながら神の子を宿すことになったのですから。

それを伝える「ルカによる福音書」では、マリアのもとに天使ガブリエルが現れたとされます。ガブリエルはマリアに向かって、「恵まれた女よ、おめでとう、主があなたと共におられます」と言い出します。マリアがこのことばに胸騒ぎを覚えると、ガブリエルは次のように告げるのでした。

恐れるな、マリヤよ、あなたは神から恵みをいただいているのです。見よ、あなたはみごもって男の子を産むでしょう。その子をイエスと名づけなさい。彼は大いなる者となり、いと高き者の子と、となえられるでしょう。そして、主なる神は彼に父ダビデの王座をお与えになり、彼はとこしえにヤコブの家を支配し、その支配は限りなく続くでしょう。

マリアは、まだ夫もいない自分にそんなことが起こるわけがないと言いました。彼女にはヨセフという許婚《いいなずけ》がいたものの、まだ結婚していなかったからです。するとガブリエルはマリアにこう告げます。「聖霊があなたに臨み、いと高き者の力があなたをおおうでしょう。それゆえに、生れ出る子は聖なるものであり、神の子と、となえられるでしょう。あなたの親族エリサベツも老年ながら子を宿しています。不妊の女といわれていたのに、はや六か月になっています。神には、なんでもできないことはありません」と。

マリアはこのことばに対して「わたしは主のはしためです。お言葉どおりこの身に成りますように」と答え、事態を受け入れています（1章28～38節）。

このことは「マタイによる福音書」でも語られていますが、天使が現れるのは夫ヨセフの夢のなかです。天使ガブリエルはヨセフに対し「ダビデの子ヨセフよ、心配しないでマリヤを妻として迎えるがよい。その胎内に宿っているものは聖霊によるのである。彼女は男の子を産むであろう。その名をイエスと名づけなさい。彼は、おのれの民をそのもろもろの罪から救う者となるからである」と告げます（1章20～21節）。ダビデとは古代イスラエルの王のことですが、「ルカによる福音書」でマリアが聞いたことと、ヨセフが聞いたことはほぼ重なっています。

キリスト教美術のなかには「ヨセフの夢」と題された作品群があります。これは「マタイによる福音書」に語られた物語を描いたもので、眠っているヨセフのもとに天使が現れ、マリアが受胎したことを告げています。

しかし、キリスト教美術全体のなかで「受胎告知」といえば、「ルカによる福音書」に記された物語をもとにしたもののほうがはるかに名高く、多くの画家がこの場面を描いています。ウフィツィ美術館に収蔵されているレオナルド・ダ・ヴィンチの作品をはじめ、サンドロ・ボッティチェッリ、フラ・アンジェリコ、エル・グレコなどの作品がよく知られています（陶板に世界の名画を写し取って展示している大塚国際美術館では、受胎告知の傑作が一ヵ所に集められており、それを一望することができます）。

受胎告知に登場するのは、マリアと天使ガブリエルです。ほかに、マリアが純潔であることを象徴する白いユリと、聖霊を象徴する鳩が描かれることが多くあります。マリアは、突然の、しかもあまりに意外な告知に戸惑っているように見えます。

マリアがはらむさまざまな問題

古代ギリシアのアレクサンドロス大王は、地中海からインドにかけて広大な帝国を築き上げますが、君主崇拝の先鞭をつけたとも言われます。その後、それはヘレニズム諸王国で制度化され、ローマ帝国における皇帝礼拝へと発展していきました（森谷公俊『興亡の世

界史　アレクサンドロスの征服と神話』講談社学術文庫)。

森谷は、その神格化が四つの段階を踏んでいったとします。

最初アレクサンドロスは、英雄のアキレウスとヘラクレスを通して自分が神の血統につながると信じていたのですが、次に、アモンの神託で、神官から「おお神の子よ」と挨拶され、ゼウスの子であると告げられます。さらに、征服したペルシアに伝統的な跪拝礼《きはいれい》を受けることで、ギリシア人からは神として崇拝されているものと見なされ、最終的にはギリシアの諸都市から公式の神格化決議を受けました。

こうした君主崇拝が広がりを見せたのは、王としての正統性を確保するためでした。なぜその王が支配者なのか。王たちは武力によって支配者としての地位を得るわけですが、自らが王にふさわしい存在であることを周囲に対して証明する必要がありました。その際に、それぞれの地域で信仰されている神と見なされる、あるいは神と一体であるとされることがもっとも有効な手立てだったのです。

イエスの場合も、「マタイによる福音書」の冒頭でアブラハムの子、王であるダビデの子であるとされ、アブラハムからの系譜が示されています。ただ、アブラハムもダビデも人間であり、神ではありません。イエスを神格化するには、さらに神の子であることを示す必要があり、そこから受胎告知の話が生み出されたものと考えられます。

しかし、人間であるところのマリアが神と一体であるイエスを受胎し、産むという行為は、さまざまな問題をはらんでいます。

三位一体の教義の矛盾

一つ大きな問題になってくるのが、受胎告知の絵画で鳩によって象徴される聖霊との関係です。聖霊は、キリスト教のもっとも基本的な教義である「三位一体」を構成する一位格と位置づけられています。父と子（イエス）、そして聖霊が一体であるとするのが三位一体の教義です。

三位一体の教義は、キリスト教が誕生してすぐに生まれたものではなく、さまざまな議論を経て確立されていきました。当初の段階では、父と子は同一であるとされたものの、聖霊は神ではないとされました。それが381年に開かれた第1コンスタンティノポリス公会議において、「ニカイア・コンスタンティノポリス信条」が定められ、三位一体が教義として確立されました。カトリックでも正教会でも、さらにはプロテスタントでも三位一体の教義は認められています。ただし、ユニテリアンやキリスト教系の新宗教では、これを認めていません。

三位一体とはどういうことなのでしょうか。それは相当に難しい問題です。ここでは難解な三位一体の議論については立ち入らないことにしますが、三つの異なる位格を一体とするという考え方は一神教の根本を脅かし、多神教への道を開く可能性を秘めています。

実際、イスラム教の『コーラン』では「『アッラーは三のうちの第三である』と言った者は信仰を拒んだのである。そして唯一の神のほかに神はない」と述べられています（5章73節）。また、「マスィーフ、マルヤムの子は使徒に過ぎず」（5章75節）とも述べられています。

アッラーは、神を意味するアラビア語の普通名詞です。マスィーフは救世主のことで、ここではイエスをさします。マルヤムとはマリアのことで、ここではつまり、キリスト教の三位一体の教義が神の唯一性を脅かすものとして批判され、イエスはあくまで人間であるとされているのです。

モーセの十戒において、神は、自分だけを信仰の対象とするように戒めました。キリスト教は、モーセの十戒が出てくる『旧約聖書』を聖典としているわけですから、その戒めを守るべきなのです。ところが、三位一体の教義は一神教の前提を脅かすという重大な問題をはらんでいて、その矛盾はマリアという存在にも及んでいきます。人間が神の子を身籠もるということはいかなることなのでしょうか。もちろん、現実にはそんなことはあり得ないわけですが、キリスト教はそれを出発点にしているのです。

マリアへの信仰が高まったわけ

ここまで見てきたように、ルカとマタイによる福音書では、マリアがイエスを身籠もったことは述べられています。しかし、それ以降、マリアが登場することはありません。十字架刑に処せられ、墓に埋葬されたイエスが3日目に復活した際、マリアという女性も復活したイエスの姿を見ています。ところがこの場合のマリアはマグダラのマリアであり、イエスを産んだマリアではありません。

もう一つの共観福音書である「マルコによる福音書」の場合には、洗礼者ヨハネのことから語られており、イエスは登場した途端にヨハネから洗礼を施されます。イエスは、ガリラヤのナザレから来たとはされているものの、どのようにして生まれたかについては何も語られていません。したがって「マルコによる福音書」には、マリアはいっさい登場しないのです。

マリアは聖霊により身籠もり、イエスを産みました。ただ、マリアの役割はそこまでで、それ以上イエスにかかわることはありません。福音書はマリアという存在をまったく重要視してはいないのです（共観福音書とは性格を異にする「ヨハネによる福音書」では、カナの婚礼の場面と、イエスが十字架につけられた場面に、マリアは登場しています）。

しかし、マリアに対する信仰はその後、次第に高まりを見せていきます。神学者はマリアについて論じるようになり、マリアに対して祈りが捧げられるようにもなります。ローマにあるプリシア共同墓地からは、マリアが幼子イエスを抱いているフレスコ画が発見されています。これは、その後膨大な数が制作される聖母子像の先駆けとなるものです。

「聖母マリア」か「処女マリア」か

マリアをめぐる習俗について述べた『聖母マリヤ』（岩波新書）において、植田重雄はマリアが「神の子を生み、神の母となるまでには父性的要素の強いキリスト教において長い宗教的思考の過程が必要であり、ようやく四三一年、エフェソスの宗教会議でマリヤ崇拝が公けに認められた」と述べています。

植田はマリアについて述べる際、母神崇拝から話をはじめています。世界各地には、大地を産み出し、肥沃、豊穣をもたらす地母神に対する信仰が古代から存在しています。マリアもまた、こうした母神崇拝の一形態としてキリスト教の世界で広がりを見せていくこととなりました。

こうした母神崇拝とマリアに対する信仰の結びつきを代表するものとしては、メキシコのグアダルーペの聖母があげられます。この信仰は１５３１年、ファン・ディエゴという人物の前にマリアが現れたことに端を発します。その背景には、キリスト教以前のアステカの女神トナンツィンに対する信仰がありました。地母神信仰が、マリアへの信仰に発展していったのです。

マリアについて考えるとき、一つ重要なポイントがあります。

日本ではマリアが「処女マリア」と呼ばれることもありますが、一般には「聖母マリア」として言及されます。

ところが英語では“Mother Mary”と呼ばれることは少なく、多くの場合、“Virgin Mary”と呼ばれます。母であるということよりも、処女であることが重視されるわけです。

ビートルズのヒット曲のなかに「レット・イット・ビー」（Let It Be）があります。そのなかに、“When I find myself in times of trouble, mother Mary comes to me / Speaking words of wisdom”という歌詞があり、ここに母のマリアという表現が出てきます。日本人の感覚では、聖母マリアのことが歌われているように受け取られるかもしれませんが、この場合のマリアとは、この歌を作ったポール・マッカートニーの実際の母のことです。

聖母マリアという言い方をすれば、母神信仰とのかかわりが念頭に浮かびます。ですが、処女マリアとなると、そうした感覚は薄れます。キリスト教が広がった地域においては、マリアが処女であることが重要な意味を持っているのです。

そこには当然、第2章で論じた原罪のことがかかわってきます。原罪は、エデンの園において最初の人間となったアダムとエバが犯した罪で、それは遺伝を通して人類全体に伝えられてきたとされるものです。

まず、歴史的な順番を考えてみましょう。

原罪の観念がもたらした不自由

エデンの園を舞台にした、いわゆる「失楽園」の物語は、ユダヤ教の聖典であるトーラーの「創世記」に記されていました。トーラーは、後にキリスト教でも聖典となり、『旧約聖書』のなかに含まれることになります。ただ、トーラーの段階では、原罪の観念は見られません。

キリスト教の『新約聖書』では、イエスやその弟子たちの物語が語られています。そのなかで最初に成立したのはパウロの手紙です。『新約聖書』は、「福音書」「使徒行伝」それからパウロなどの手紙と続き、最後は「黙示録」になります。そういった構成になっているため、パウロの手紙が最初に生まれたことに気づきにくくなっているのです。

パウロは、すでに見たように、独身であることの意義を強調しましたが、福音書に語られるイエスの物語については、最後の晩餐のことにしかふれていません。

そもそもパウロは、イエスの死後にその弟子になったわけで、イエスのことを直接知りません。したがって、福音書に記されたイエスの言行について知らなかったとも考えられますが、パウロが活動していた時点では、まだイエスについての伝承が生まれていなかったとも考えられます。とはいえ、パウロはイエスについて知らないまま伝道に従事したとも考えにくく、その点は難しい問題をはらんでいますが、私は、イエスの言行のほとんどは福音書の作者が、『旧約聖書』の預言が成就する形で創作したものだと考えています（詳しくは『教養としての世界宗教史』で述べました）。

パウロは最後の晩餐についてしか述べておらず、イエスの生まれについて何も語っていません。したがって、マリアについても言及していません。すでに述べたように、その後福音書が成立しても、マリアについては「ヨハネによる福音書」を除いて、聖霊によってイエスを身籠もったと述べられているだけです。

この時点では、キリスト教において原罪の観念も成立していませんでした。やがて第2章で見たように、原罪の観念が生み出され、それをとくにアウグスティヌスが強調することになります。アウグスティヌスの影響は大きく、それ以降、キリスト教の世界では、人間は生まれながらにして罪深い存在であると考えられるようになります。

原罪の観念が成立すると、マリアが受胎したことも、それまでとは違った形で問題になってきます。マリアも人類の一員であり、その点で原罪を免れることはできないはずです。となると、そのマリアが産んだイエスもまた、原罪から自由ではなくなってしまいます。

そこで登場することになるのが、やがて「無原罪の御宿り《おんやど》」と呼ばれるようになる教義です。9世紀フランスでコルビー修道院長だったパスカシウス・ラドベルトゥス（785―865）は、いくつかの論考を発表していますが、マリアはその存在のはじまりから無原罪であったと主張しました。

マリア無原罪の教義の誕生と公認

この無原罪の御宿りの教義を最初に神学的に裏づけようと試みたのが、イングランドの神学者カンタベリーのエアドメルスです。1060年頃に生まれ、1126年頃に没したと考えられるエアドメルスは、カンタベリー大司教で後に聖人となるアンセルムスの弟子でした。彼はアンセルムスの伝記も書いています。

アンセルムスのほうは、マリアを「最初に完全に救われた人間」であるととらえていました。マリアは、自らが宿したイエスの「恩恵により、自らの信仰によって、完全に清らかであった」（佐々木徹「マリア論――聖アンセルムスとエアドメルス」『茨城キリスト教大学紀要』第53号、2019年）としています。しかしアンセルムスは、無原罪の御宿りを主張することはありませんでした。

エアドメルスはこうした師の主張を踏まえ、「清浄なる処女マリアの御宿りについての論考」において、無原罪の御宿りの根拠を示そうとしました。

エアドメルスは、人間が神と区別されるのはその罪によってで、イエスは、その罪を無効とし、「神に嘉《よみ》されるよう人類を呼び戻すために人間となることを意志した」とします。そして、こうした人間を産みだした「御母も、全ての罪から清浄であることが相応しかったのである」と主張し、次のように述べています。


それ故、これほどの御子の最も偉大な御親であるこの処女が、自然の規則によって彼女の母の胎《はら》にみごもられた際、果てから果てにまで及ぶ神の知恵、即ち、万物を満たし、万物を統治する神の知恵が、ある新しい言い難き喜びで、天と地と天地にあるもの全てをあふれかえらせた事を誰が承諾しないことがあろうか。


表現の仕方がややこしいですが、ここでは、神の力が強調されています。神は、マリアがその母の胎内に宿った時点で、すべての罪を免れた無原罪の状態にしたというのです。

この主張に明確な根拠があるわけではありません。『新約聖書』では何も述べられていませんから、エアドメルスの主張は彼自身の勝手な想像によるものとも言えます。したがって、スコラ学の代表的な神学者であるトマス・アクィナスは、無原罪の御宿りを否定しました。カトリック教会においてはこの教えを擁護しようとする動きはあったものの、すぐに教義として公認されることはありませんでした。

ところが19世紀になるとマリア崇敬が高まりを見せ、フランスではマリアの出現がいくつも報告されるようになります。そうした事態を背景に、１８５４年には教皇ピウス９世の回勅によって無原罪の御宿りの教義が正式に認められました。

この教義を浸透させる上で重要な出来事となったのが、ピレネー山脈のふもとの町、ルルドで起こったマリア出現なのです。

マリア出現は無原罪の御宿りの証し

回勅の４年後の１８５８年２月11日、ルルドに住んでいた14歳の羊飼いの少女、ベルナデッタは、マサビエルと呼ばれる洞窟のそばを流れる川で薪にする流木を集めていました。その際、風の音がしたので洞窟を見上げると、彼女は、白いものを身にまとった若くて美しい女性の姿を目撃します。

この女性は、その後もくり返し出現することになりますが、最初からその女性がマリアだと認められたわけではありません。それでも、このことは噂で広まり、洞窟には多くの人たちが群がるようになりました。

2月25日に出現すると、この女性はベルナデッタに対して「泉の水を飲み、その水で洗いなさい」と指示します。女性の姿を見ることができるのはベルナデッタだけで、声を聞いたのも彼女だけでした。彼女がそこを掘ると、水が湧き出しました。これが、今日多くの巡礼者を集めている「ルルドの泉」のはじまりです。

そうしたところ、ベルナデッタは地域の教会の司祭から、出現した女性に名前を聞くよう依頼されます。そこでベルナデッタが名前を尋ねると、16回目の出現にあたる3月25日、女性からは「私は無原罪の御宿りです」という返事が返ってきました。このやりとりが、出現した女性が本物のマリアであることを示す証拠になると同時に、無原罪の御宿りの教義の正統性を保証するものとして受け取られることになったのです。

女性の返事は「ケ・ソイ・エラ・インマクラダ・カウンセプシウ（QUE SOY ERA IMMACULADA COUNCEPCIOU）」というものでした。"QUE SOY"はルルドの方言で、一般のフランス語では"Je suis"にあたります。"ERA"は定冠詞の"la"です。"IMMACULADA COUNCEPCIOU"はラテン語であり、ベルナデッタにその意味がわかるはずもありません。

ベルナデッタがこのことばを発するのを聞いた司祭は、意味がわかるかと問いました。

ベルナデッタはまったくわかっていませんでした。逆に、司祭のほうはことばの意味を知っていたので、感きわまったとされます。

その後、ルルドの泉に対する信仰は多くの信者のこころをつかみ、ローマやサンチャゴ・デ・コンポステラと並ぶカトリックの聖地となっていきました。また、各地のカトリック教会にはルルドの泉を模した洞窟が設けられるようになり、日本でも広まっています。

マリアと出会ったベルナデッタのその後

さらに、マリアの神格化は、「聖母被昇天」の教義を確立させることになります。マリアは亡くなったとき、肉体と霊魂を伴って天に召されたというのです。これは、1950年、教皇ピオ12世のエクス・カテドラ宣言で正式に教義として認められました。

「マルコによる福音書」では、復活したイエスは最後、天に上げられ、神の右の座についたとされます。「ルカによる福音書」でも、イエスは最後天に上げられたとされています。マリアも、自らが宿したイエスと同じ境遇を享受することとなったのです。

ちなみにマリアと出会ったベルナデッタは、好奇の目にさらされることになりました。マリアの出現が続いていた最中、3月2日の出現のときには、洞窟にやってくる人の数は

1650人にまで増えていました。当然、ベルナデッタ自身にも注目が集まります。しかし、田舎出身の彼女にはそれに対処することが難しく、結局、彼女は愛徳修道会に入り、修道女として生活するようになります。看護や雑用の仕事をしたとされますが、病気がちで、1879年に35歳で亡くなっています。死後、1925年には列福され、33年には列聖されています。彼女の墓は何度か開かれていますが、遺体がまったく腐敗していなかったからです。それは聖人の資格となる奇跡と見なされました。

ベルナデッタのことが広く知られるようになったときには、彼女と結婚したいと申し出る青年まで現れました。しかし、彼女は22歳で修道院に入っており、結婚の機会は訪れませんでした。おそらく、男性と付き合ったこともなかったでしょう。

そもそも、ベルナデッタの前に現れたマリアはイエスを産んだ後、いったいどうなったのでしょうか。福音書は、それについて何も語っていません。ヨセフの妻となったわけですから、二人は夫婦生活を営むことになったはずです。となると、二人のあいだに、イエスとは別に子どもが生まれていても不思議ではありません。しかし、これについても福音書は何も語っていません。

無原罪の御宿りの教義によれば、マリアは、その母の胎内に宿ったときから罪を免れていたとされます。

しかし、マリアの夫となったヨセフは妻とは異なり、罪を負ってこの世に生を享けたはずです。となると、二人のあいだにイエスとは別に子どもが生まれていれば、その子は罪を免れることはできないはずです。

では、罪ある者と結ばれたマリアは、依然として無原罪なのでしょうか。被昇天の教義があるということは、マリアは生涯罪を免れていたことになります。その点で、無原罪の御宿りの教義と聖母被昇天の教義は深く結びついていることになります。そして、マリアの無原罪は、その処女性によって保証されているようにも見えます。

スンナに見る結婚観と処女性

こうした処女性に関連して、第6章でふれたイスラム教のスンナには、注目されるものがあります。「婚姻の書」のなかに、次のような伝承があります。

ジャービル・ブン・アブド・アッラーが「結婚しました」と言ったとき、神の使徒は「どんな女か」と尋ね、「既婚の女です」と答えると、彼は「なぜ乙女とその愛撫を選ばなかったのか」と言った（『ハディース　イスラーム伝承集成』V）。

この伝承からすると、ムハンマドは、処女との結婚をより好ましいものとしていたことになります。

ムハンマドがいったい何人の妻と結婚したのかについてははっきりしないところがありますが、最初の妻であるハディージャは15歳年上の寡婦で、処女ではありませんでした。これに対し、最愛の妻とされるアーイシャは処女でした。

「婚姻の書」では、「アーイシャによると、彼女は6歳のとき預言者に嫁ぎ、9歳のとき正式に結婚し、9年間共に暮らした、という」(同)とあります。正式に結婚したという箇所には、訳者が「実際に性的交渉をもつこと」という注釈を施しています。このためイスラム法では、女性は9歳で結婚が可能だとされています。アーイシャが9歳のとき、ムハンマドは56歳でした。

このアーイシャとの結婚については、別の伝承があります。それは、イブン・アビー・ムライカによると、「イブン・アッバースはアーイシャに『預言者はあなた以外に処女を娶らなかった』と言った」(同)というものです。

2001年に起こったアメリカでの同時多発テロの首謀者とされたウサーマ・ブン・ラーディン(オサーマ・ビン・ラーディン)の出したものに、「二聖モスクの地を占領するアメリカ人に対するジハード宣言」というものがあるのですが、そこでは殉教者たちは天国に召され、「72人の純粋なる楽園の処女たちと結婚」できるとされています。

アフマドとティルミジーによって伝えられたとされるこの宣言を紹介した保坂修司はこの部分に注釈を加え、「アブーイーサー・ティルミジー（825〜892年）。伝承集、Sunanの編者。引用されたハディースは未確認」としています（「オサーマ・ビン・ラーデンの対米ジハード宣言」『現代の中東』35、2003年7月）。

ここに出てくる「楽園の処女たち」は、アラビア語でフーリー、ペルシア語でフーリーと呼ばれるものです。このフールについて、14世紀シリアのイスラム教法学者、イブン・カスィールは、『コーラン』の56章35〜37節についての注釈において、ムハンマドは、天国で処女と交わることができるかと聞いてきた信者に対して、それは可能で、しかも交わった後、彼女は処女に戻ると答えたとしています。

該当する『コーラン』56章では、「まことに、われらは彼女ら（天女）を創生として（出産によらず）創生した。そして、彼女らを処女となした。熱愛者に、同年齢に（なした）」とあります（『日亜対訳クルアーン』）。

これだと意味を理解するのが難しいですが、井筒俊彦訳の岩波文庫版では、同じ箇所が次のように訳されています。

一段高い臥牀《ねだい》があって（そこで天上の処女妻たちと歓をまじえる）。我ら（アッラー）が特に新しく創っておいたもの、この女たちは（地上の女のように両親から生れたものでなく、この目的のために特別に新しく創った女である）。特に作った処女ばかり。愛情こまやかに、年齢も頃合い（『コーラン』下）。

交わった処女が、性交渉の後、処女に戻るということは、具体的には処女膜が再生されることを意味します。ここでは、処女と交わることと、それが幾度にも及ぶことに価値がおかれています。

『コーラン』の第19章は、「マルヤム」と呼ばれています。マルヤムとは、マリアのアラビア語の呼び名です。一方、イエスのほうは「イーサー」と呼ばれます。第19章では、マルヤムがイーサーを産んだときのことについて述べられています。

そこでは受胎告知と同じように、マルヤムのもとに天使ジブリールが現れたとされます。ガブリエルのアラビア語での呼び名であるジブリールは、マルヤムにむかって「私はおまえの主の使徒にほかならず、私がおまえに清純な男児を授けるためである」と言いました。それに対してマルヤムは「いまに私に男児ができましょう。人（男性）が私に触れたことはなく、私はふしだらであったことはないというのに」と答えています。マルヤムは処女だったわけで、処女のまま身籠もり、出産したとされます。ここに夫となるはずのヨセフは登場しませんが、福音書の記述がもとになっています。

イスラム教には原罪の観念はなく、第6章で見たように、性に対する禁忌は存在しません。そして、処女というものの価値が高く評価されています。もちろんそれは、男性にとってのことで、女性の側からすれば、とらえ方はまったく異なるでしょう。その点はまた別に論じる必要があります。

父なる神、神の子イエス、そして聖母マリアへ

一方、キリスト教で処女ということが問題になるとき、それは主にマリアについて言われます。マリアは神と直接交わったわけではなく、性行為を経ないまま聖霊の力によって身籠もったとされています。

ただ、処女であるということは、原罪を免れた特別な存在ということであり、その点でマリアは信仰の対象となり、マリア崇敬が生み出されることとなりました。キリスト教では、処女性は神聖なものとされたのです。

第5章でふれた宗教学者のエリアーデには「暇な神《デウス・オティオースス》」という考え方があります。これは主に天空神について言われることですが、宇宙の創造神は、当初は最重要の存在と見な

されていても、やがて後景に退いて暇な神になり、新しい神が信仰の対象になっていくというのです。

キリスト教は、まさにその道をたどったことになります。キリスト教はユダヤ教で説かれた創造神を共有しますが、その神はやがて退き、代わりに神の子であるイエスが前面に押し出されることとなりました。十字架に掛けられたイエス像が教会に飾られるのも、それが関係します。神の姿が描かれることがほとんどなかったことも、関心がイエスに移っていく要因となりました。

人類全体の罪を背負って犠牲となったイエスは、信者にとって極めて重要な存在ではあるものの、包みこむような優しさは感じさせません。福音書に記されている伝承でも、イエスは信仰に対する厳しさを常に求めています。

イスラム教では神の慈悲深さが強調され、あらゆることを許してくれる存在だということがくり返し説かれていますが、キリスト教の神やイエスは到底慈悲深いようには見えません。

そこでキリスト教に登場したのが、マリアというわけです。マリアのことは福音書などではほとんど何も語られていませんが、彫刻や絵画においては、慈悲を感じさせるような形をとっています。とくに数多く作られてきた聖母子像では、幼子イエスを抱き、優しく見守っているように描かれています。

こうしてイエスは後景に退いて暇な神となり、マリアが前面に出るような形になりました。マリアは、三位一体を構成する一位格ではありません。しかし、マリア崇敬を考えてみるとき、父なる神、神の子イエス、そして母マリアが信仰の対象になっているかのようにも見えます。

こうした形での三位一体が成立する上では、マリアが処女であり、原罪を免れていることが極めて重要な意味を持ちました。仮に、神が直接マリアと交わったという伝承が存在したとしたら、マリア崇敬はもっと別の形をとっていたはずなのです。

おわりに

宗教によって異なる性の位置づけ

性ということは、宗教にとって極めて重要なことであり、また本質的なことです。ここまで述べてきたことはそれを示しています。しかも、宗教によって、性にどう立ち向かうかは大きく異なっているのです。

もっとも大きな違いは、仏教とキリスト教における性の取り扱い方と、イスラム教における扱い方に示されています。仏教とキリスト教は性を否定的なものととらえ、禁欲を説きます。それに対してイスラム教には、そうした面が見られないのです。

もちろん、それぞれの宗教の信者が、あるいは聖職者が営んでいる生活は、さまざまな事柄に影響を受けており、教えがそのまま実践されているとは限りません。だが、性ということに関して言えば、同じ一神教でも、キリスト教徒は自らを罪深い存在と感じているかもしれませんが、イスラム教徒がそのように考えることはないのです。

第1章で、スターバックの研究にふれました。アメリカの若者たちは、性の目覚めを経ることで回心を遂げキリスト教の信仰を獲得していきます。その際、注目されるのがリバイバル集会の存在です。スターバックは、リバイバルが回心のきっかけになった事例を紹介しています（前掲『宗教心理学』）。

リバイバルは「信仰復興」と訳され、アメリカでは18世紀からその運動が盛んになりました。それは、宣教師が野外にテントを張り、そこで集会を開くものです。著名な宣教師が数多く現れましたが、彼らは巧みな説教を行い、いかに人間が罪深い存在であるかを強調しました。説教に煽られた聴衆は盛り上がりをみせ、その場で回心する者が続出しました。その様子は、バート・ランカスターが主演した映画『エルマー・ガントリー』に描かれています。ランカスターはアカデミー賞の主演男優賞を獲得しています。

こうした運動が成り立つのは、キリスト教に原罪の教義があるからです。それがなければ、思春期において性の目覚めを経験するなかで、自らの罪深さを自覚し、それで回心を遂げることにはなりません。

そして、こうしたリバイバルの運動を背景として生み出されたのが福音派、あるいは福音主義です。福音派の人間は、聖書に示されている教えをそのまま信じ、それを実践に移そうとします。神の創造を否定する進化論を否定し、「創世記」にある「産めよ、ふえよ、地に満ちよ」ということばに従って人工妊娠中絶に反対します。そして、彼らは、こうした考え方を支持する政治家に投票します。性をどのようにとらえるかということが、政治的な主張や行動にも影響を与えているのです。

一方で、イスラム教徒のなかに生まれた「原理主義過激派」は、最後の章でふれたように、殉教者は天国に召され、72人の乙女たちと結婚できるという教えに従い、自爆テロをも辞さないのです。ここでは、性に対して開放的なイスラム教の教えが皮肉にも過激な行動を促す方向に作用しています。

そうした面がより大きな出来事を生んだのが、第2章で述べた十字軍の事例です。教皇が十字軍への参加を呼びかけた際、多くの人間が応じたのも、それに参加することで贖罪が約束されたからです。贖罪を求めるのは、原罪の観念が浸透しているからにほかなりません。原罪と贖罪の教義は世界史を大きく転換させることに結びついたのです。

日本の中世において寺社勢力が生まれたのも、俗人とは異なる生活を送る僧侶が数多く輩出され、彼らが生活する場がアジールとなり、財と人とを吸収していったからです。それは、カトリックの教会や修道会にも共通します。世俗を捨て、性に対する戒めに従う聖職者が生まれたことで、仏教やキリスト教は強大な権力機構を生み出すことになったのです。

宗教の起源を性欲に求めるフロイト

19世紀の終わりから20世紀のはじめにかけて、宗教の起源ということがさかんに問われました。そのなかで、興味深い事例となるのが、精神分析学を開拓したフロイトの説です。フロイトの学説としては「エディプス・コンプレックス」がもっとも名高いのですが、彼はそれを宗教の起源についての探究にも応用しました。

原始社会においては、強力な父親が女たちを独占していました。そこで子どもたちは一致団結し、父親を殺して女たちを解放し、自分たちの妻とします。しかし、子どもたちは父殺しを後悔するようになり、殺した父をトーテムとして崇めるようになりました。それが宗教の起源だというのです。

こうした出来事が実際に起こったとは考えられませんが、フロイトが宗教の起源を説こうとする際に、若い男性たちの性欲を持ち出したことは示唆的です。人間が生物である以上、性欲が高まるのは必然的なことです。しかも、人間の性欲は発情期に限られるものではありません。そこに性欲をいかにコントロールするかという課題が生まれ、宗教がその面で重要な役割を果たすことになったのです。

しかし、性が戒められたとしても、それで性欲が消えてしまうわけではありません。仏教やキリスト教では、聖職者に独身であることが求められるわけですが、それが厳格に守られてきたというわけではありません。その点については第3章でふれましたし、現代では、カトリック教会の聖職者による性的虐待が深刻な問題として取り上げられるようになってきました。

日本では、明治になって僧侶の妻帯が法的に認められ、それが広まりました。そのために、カトリック教会とは異なり、性的虐待が深刻な問題として浮上することはなかった半面、今でも僧侶が妻帯することのない他の仏教国から見たとき、日本の僧侶のほとんどは破戒僧であると見なされることになります。

現代は、さまざまな点で刺激の強い社会です。ファッションにおいてセクシーさが強調されるように、性的な刺激によって消費を喚起するということが日常的に行われています。ネットを使えば、性欲を刺激する情報にいくらでもアクセスできます。

そうした社会のなかで、禁欲的な生活を送ることは容易ではありません。外界と遮断された神聖な領域に引き籠もっているのなら、それも可能かもしれません。カトリックの女子修道院などは、かつてはそうした場になっていました。

ところが、1960年代のはじめに開かれた第2バチカン公会議以降、修道女に対しても、外の社会にふれ、そこで活動を展開するよう方針が転換されました。聖域に閉じこもっているわけにはいかなくなったのです。神父ともなれば、日常的に信者と接触しているわけで、社会の動向にはどうしても影響されます。

タイのテーラワーダ仏教の僧侶の場合には、女性の姿を見ないように扇で視界を遮るといいます。だが、カトリックの神父の場合、ミサで聖体を女性信者にも授けるので、そんなことをするわけにもいきません。

宗教は本質的に男性中心主義

現代では、とくに先進国を中心に宗教離れという現象が起こっています。それについては、拙著『宗教消滅』、ならびに『捨てられる宗教』（ともにSB新書）で詳しく論じましたが、性と宗教との関係を見ていくと、事態はより深刻であるようにも思えてきます。

それは、セックスとしての性というよりも、この本では論じなかったジェンダーとしての性ということに深くかかわってくるのですが、宗教は本質的に男性中心主義で、女性を蔑視する傾向を持っています。

たとえば仏教の場合、女性の地位は低いものとされ、当初は僧団に入ることもできませんでした。釈迦の弟子とされる人々も、皆男性です。大乗仏教になると、あらゆる衆生は成仏できるという考え方が打ち出されますが、その際に出てきたのが「女人成仏」、あるいは「変成男子《へんじょうなんし》」という考え方です。これは、女性も男性に身を変える、あるいは男性に生まれ変わることによって成仏がかなうという説です。女性はそのままでは仏になることができないとされる点で、差別的な意識が明らかに残っていました。

キリスト教においても、三位一体を構成するのは父なる神と子なるイエス・キリスト、そして聖霊であり、父と子は男性です。聖霊には性別はありませんが、少なくとも三位一体のなかに女性は含まれていません。最後の章で見たように、歴史が進む中でマリア崇敬が高まりを見せていくわけですが、バチカンは女性が神父になることを頑なに拒否してきました。

イスラム教の女性観を、現代の基準で評価することも、さまざまな点で難しい問題をはらんでいます。ヒジャブをどうとらえるか、いろいろな解釈ができます。女性を抑圧するものであるというとらえ方もできますが、女性を保護するものであるとか、ファッションの一つであるという見方もできます。

ただ、イスラム教では、イスラム法が生活を律する原則として機能しており、『コーラン』やスンナに示されていることは、信者の生活に決定的な影響を与えます。最後の章でムハンマドが9歳のアーイシャと結婚したことにふれましたが、それはスンナに示されたことで、イスラム法の本来の考え方では、９歳が女性の結婚する最低年齢になったのです。

現在、イスラム教が広がった国々では、９歳で女性は結婚できるとはされていません。

だが、少数ではあるものの、9歳での結婚を合法と考える人間たちはいます。厄介なのは、『コーラン』やスンナが現代の生活にそぐわないものになったからといって、人間の手でそこに修正を加えられないということです。それは他の宗教の聖典についても言えることで、人間の手による変更は不可能なのです。

現代にそぐわなくなる宗教と性の関係

仏教は2500年前に生まれました。キリスト教であれば2000年前です。イスラム教がもっとも新しいわけですが、それでも1400年前に生まれたものです。それぞれの宗教が誕生した時代の生活は、現代の生活とはまったく異なります。ムハンマドは聖徳太子の同時代人であり、そこから考えれば、いかに生活が大きく変わったかがわかるはずです。

この本で見たように、性についてのそれぞれの宗教の考え方も男性中心であり、女性を低く考えるところで共通しています。そうした宗教が、現代になって衰退の局面に入ってきているのも仕方のないことかもしれません。宗教はその形を崩し、根本的な刷新を行うことはできないものなのです。

性についてのあり方、考え方は、それぞれの宗教が生まれた時代とは大きく変わってきています。より自由になったこともあれば、規制が厳しくなったこともあります。同性愛についてなど、現代のほうがはるかに規制され、差別されていたりもします。

人間の特異な性のあり方が、宗教という、人間だけにみられるものを生みました。だからこそ、宗教は人類の起源とともに生み出されたのです。

そして、人間は、宗教の力を借りることで性をコントロールしてきました。しかし、現代の性のあり方は、すでに宗教がコントロールできるものではなくなっているのかもしれません。

性と切り離された宗教は綺麗事になるかもしれませんが、本質的なものではなくなっていきます。私たちは今、重大な岐路に立たされているのです。

２０２１年11月

島田裕巳

講談社現代新書　2647
性《セックス》と宗教《しゅうきょう》
二〇二二年一月二〇日第一刷発行　二〇二二年三月一〇日第四刷発行
著　者　島田裕巳《しまだひろみ》
発行者　鈴木章一
発行所　株式会社講談社
東京都文京区音羽二丁目一二―二一　郵便番号一一二―八〇〇一
電　話　〇三―五三九五―三五二一　編集（現代新書）
〇三―五三九五―四四一五　販売
〇三―五三九五―三六一五　業務
装幀者　中島英樹
印刷所　株式会社新藤慶昌堂
製本所　株式会社国宝社
定価はカバーに表示してあります　Printed in Japan

N.D.C. 160　252p　18cm
ISBN978-4-06-526847-6

「講談社現代新書」の刊行にあたって

教養は万人が身をもって養い創造すべきものであって、一部の専門家の占有物として、ただ一方的に人々の手もとに配布され伝達されうるものではありません。

しかし、不幸にしてわが国の現状では、教養の重要な養いとなるべき書物は、ほとんど講壇からの天下りや単なる解説に終始し、知識技術を真剣に希求する青少年・学生・一般民衆の根本的な疑問や興味は、けっして十分に答えられ、解きほぐされ、手引きされることがありません。万人の内奥から発した真正の教養への芽ばえが、こうして放置され、むなしく滅びさる運命にゆだねられているのです。

このことは、中・高校だけで教育をおわる人々の成長をはばんでいるだけでなく、大学に進んだり、インテリと目されたりする人々の精神力の健康さえもむしばみ、わが国の文化の実質をまことに脆弱なものにしています。単なる博識以上の根強い思索力・判断力、および確かな技術にささえられた教養を必要とする日本の将来にとって、これは真剣に憂慮されなければならない事態であるといわなければなりません。

わたしたちの「講談社現代新書」は、この事態の克服を意図して計画されたものです。これによってわたしたちは、講壇からの天下りでもなく、単なる解説書でもない、もっぱら万人の魂に生ずる初発的かつ根本的な問題をとらえ、掘り起こし、手引きし、しかも最新の知識への展望を万人に確立させる書物を、新しく世の中に送り出したいと念願しています。

わたしたちは、創業以来民衆を対象とする啓蒙の仕事に専心してきた講談社にとって、これこそもっともふさわしい課題であり、伝統ある出版社としての義務でもあると考えているのです。

一九六四年四月　野間省一

宗教

Ⓒ

日本語・日本文化

105 タテ社会の人間関係　中根千枝
293 日本人の意識構造——会田雄次
444 出雲神話——松前健
1193 漢字の字源——阿辻哲次
1200 外国語としての日本語——佐々木瑞枝
1239 武士道とエロス——氏家幹人
1262 「世間」とは何か——阿部謹也
1432 江戸の性風俗——氏家幹人
1448 日本人のしつけは衰退したか——広田照幸
1738 大人のための文章教室　清水義範
1943 なぜ日本人は学ばなくなったのか——齋藤孝
1960 女装と日本人——三橋順子
2006 「空気」と「世間」——鴻上尚史
2013 日本語という外国語　荒川洋平
2067 日本料理の贅沢——神田裕行
2092 新書 沖縄読本——下川裕治・仲村清司 著・編
2127 ラーメンと愛国——速水健朗
2173 日本人のための日本語文法入門——原沢伊都夫
2200 漢字雑談——高島俊男
2233 ユーミンの罪——酒井順子
2304 アイヌ学入門——瀬川拓郎
2309 クール・ジャパン!?　鴻上尚史
2391 げんきな日本論——橋爪大三郎・大澤真幸
2419 京都のおねだん——大野裕之
2440 山本七平の思想——東谷暁